HAUNTED CASTLES

英國幽靈古堡完全解密

文 織守きょうや 圖 山田佳世子

譯 陳姵君

前言

這本《英國幽靈古堡完全解密》彙整了原本在《建築知識》這本建築雜誌連載的散文，並將之集結成冊。

起初接獲邀約時，我其實很驚訝。身為小說家，我雖然也寫過散文、劇本等小說以外的體裁，但要連載非小說類型的文章則是生平頭一遭。而且還是在建築雜誌，而非在一般的文藝雜誌上連載。儘管曾經萌生「我真的寫得出來嗎？」的疑惑，但更重要的是，這項感覺很有趣的幽靈古堡企劃案，令我產生躍躍欲試的念頭。

開始動筆後——雖然要查很多資料——但果然如我預想般地十分有趣，每回都能欣賞到山田佳世子老師所繪製的精美插圖，也令我感到欣喜，共12回的連載感覺一下子就結束了。英國著名的城堡幾乎皆存在著幽靈傳說，深入探究鬼魂出沒的原因與背景，就能挖掘出隱藏於背後的英國歷史與王室祕密。這些故事離奇到超乎大眾的想像，並且充滿吸引力。

本書以散文形式呈現，因此不光只是基於事實，亦加入了許多我個人的分析與主觀認知，像是「此現象與某件事或許互為因果」之類的推敲。希望讀者們能當作參考，並從書中獲得樂趣。

前言 002
英國王朝的家系圖 006
英國幽靈古堡MAP 008

Case 1
溫莎城堡與25位幽靈
WINDSOR CASTLE 010

Case 2
金博爾頓城堡與亞拉岡的凱薩琳
KIMBOLTON CASTLE 026

Case 3
被囚禁於倫敦塔的鬼魂們
TOWER OF LONDON 042

Case 4
愛恨情仇道不盡的漢普頓宮
HAMPTON COURT PALACE 062

Case 5 女王的少女時代與哈特菲爾德莊園 OLD PALACE (HATFIELD HOUSE) 078
Case 6 蘇格蘭女王瑪麗，凡走過必留下痕跡 STIRLING CASTLE 094
Case 7 慘劇接二連三的荷里路德宮 THE PALACE OF HOLYROODHOUSE 108
Case 8 傳說與祕密的寶庫格拉姆斯城堡 GLAMIS CASTLE 122
Case 9 幽靈城市愛丁堡與愛丁堡城堡 EDINBURGH CASTLE 136
Case 10 封聖君王與英國最惡名昭彰的君王傳說 CORFE CASTLE 150
Case 11 人氣觀光景點的血淋淋歷史 CHILLINGHAM CASTLE 164

Case 12 不分晝夜皆能遇見幽靈的貝利・波默羅伊城堡 Berry Pomeroy Castle 178
Case 13 住在現仍使用的宮殿裡的幽靈們 Buckingham Palace 192
SPECIAL CASE 1 拉德洛城堡 060
SPECIAL CASE 2 巴摩拉城堡 092
後記 210

日文版工作人員
美術指導：松田行正
設計：梶原結実

本書是以《建築知識》2022年1月號至12月號的連載內容增訂修改而成。

英國王朝的家系圖

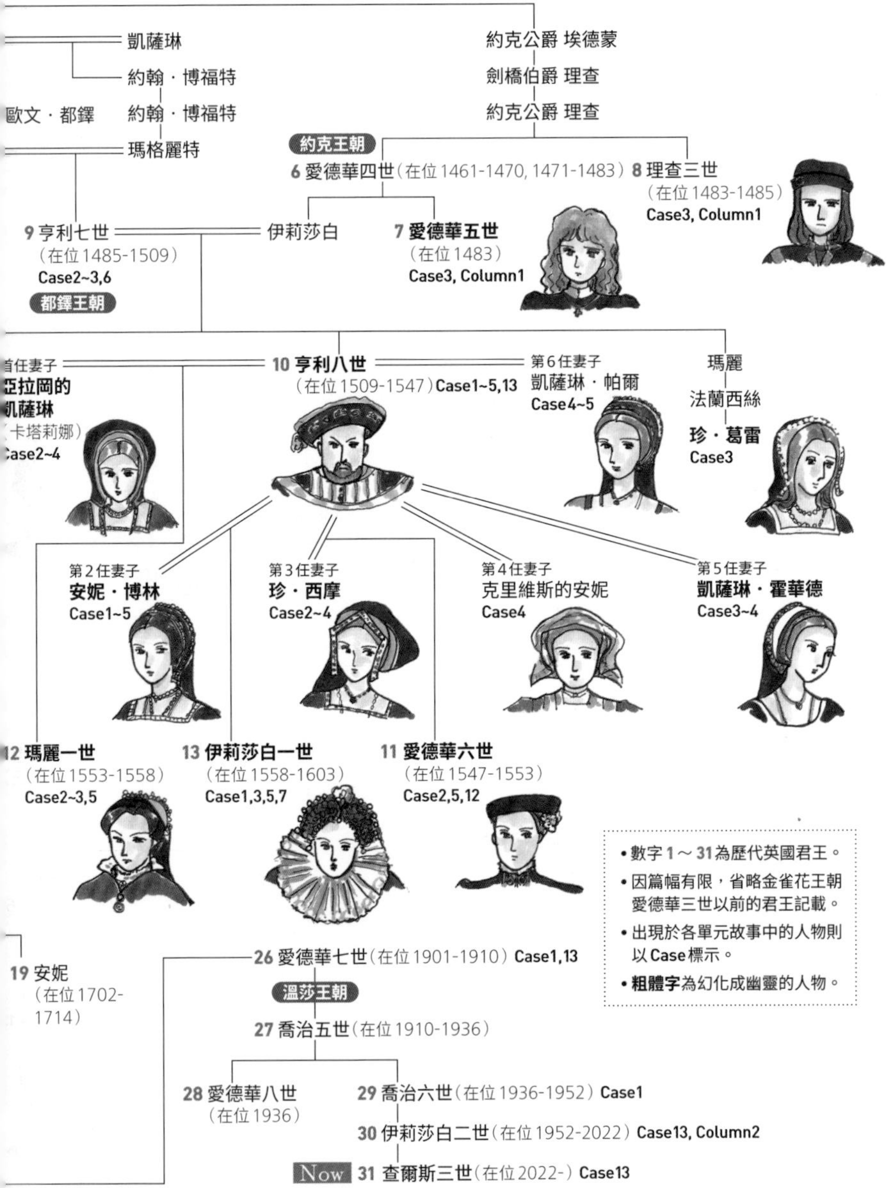

- 數字 **1**～**31** 為歷代英國君王。
- 因篇幅有限，省略金雀花王朝愛德華三世以前的君王記載。
- 出現於各單元故事中的人物則以 Case 標示。
- **粗體字**為幻化成幽靈的人物。

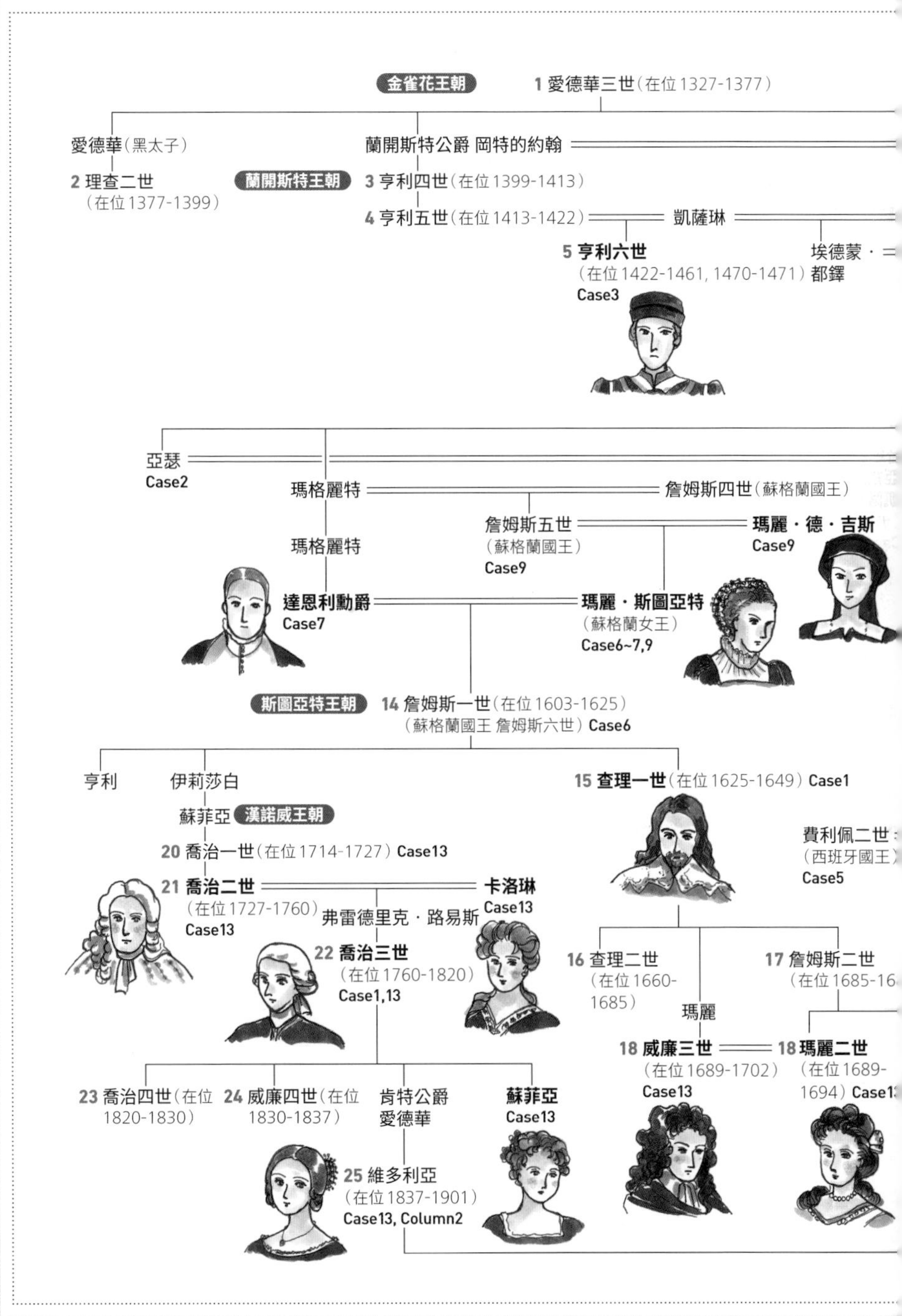
金雀花王朝
1 愛德華三世（在位 1327-1377）
愛德華（黑太子）
2 理查二世
（在位 1377-1399）
蘭開斯特公爵 岡特的約翰
蘭開斯特王朝
3 亨利四世（在位 1399-1413）
4 亨利五世（在位 1413-1422）
凱薩琳
5 亨利六世
（在位 1422-1461, 1470-1471）
Case3
埃德蒙・
都鐸
亞瑟
Case2
瑪格麗特
詹姆斯四世（蘇格蘭國王）
詹姆斯五世
（蘇格蘭國王）
Case9
瑪麗・德・吉斯
Case9
瑪格麗特
達恩利勳爵
Case7
瑪麗・斯圖亞特
（蘇格蘭女王）
Case6~7,9
斯圖亞特王朝
14 詹姆斯一世（在位 1603-1625）
（蘇格蘭國王 詹姆斯六世）Case6
亨利
伊莉莎白
蘇菲亞
漢諾威王朝
20 喬治一世（在位 1714-1727）Case13
21 喬治二世
（在位 1727-1760）
Case13
卡洛琳
Case13
弗雷德里克・路易斯
22 喬治三世
（在位 1760-1820）
Case1,13
15 查理一世（在位 1625-1649）Case1
費利佩二世
（西班牙國王）
Case5
16 查理二世
（在位 1660-
1685）
瑪麗
17 詹姆斯二世
（在位 1685-16
18 威廉三世
（在位 1689-1702）
Case13
18 瑪麗二世
（在位 1689-
1694）Case1
23 喬治四世（在位
1820-1830）
24 威廉四世（在位
1830-1837）
肯特公爵
愛德華
蘇菲亞
Case13
25 維多利亞
（在位 1837-1901）
Case13, Column2

英國幽靈古堡MAP

= 最具代表性的幽靈

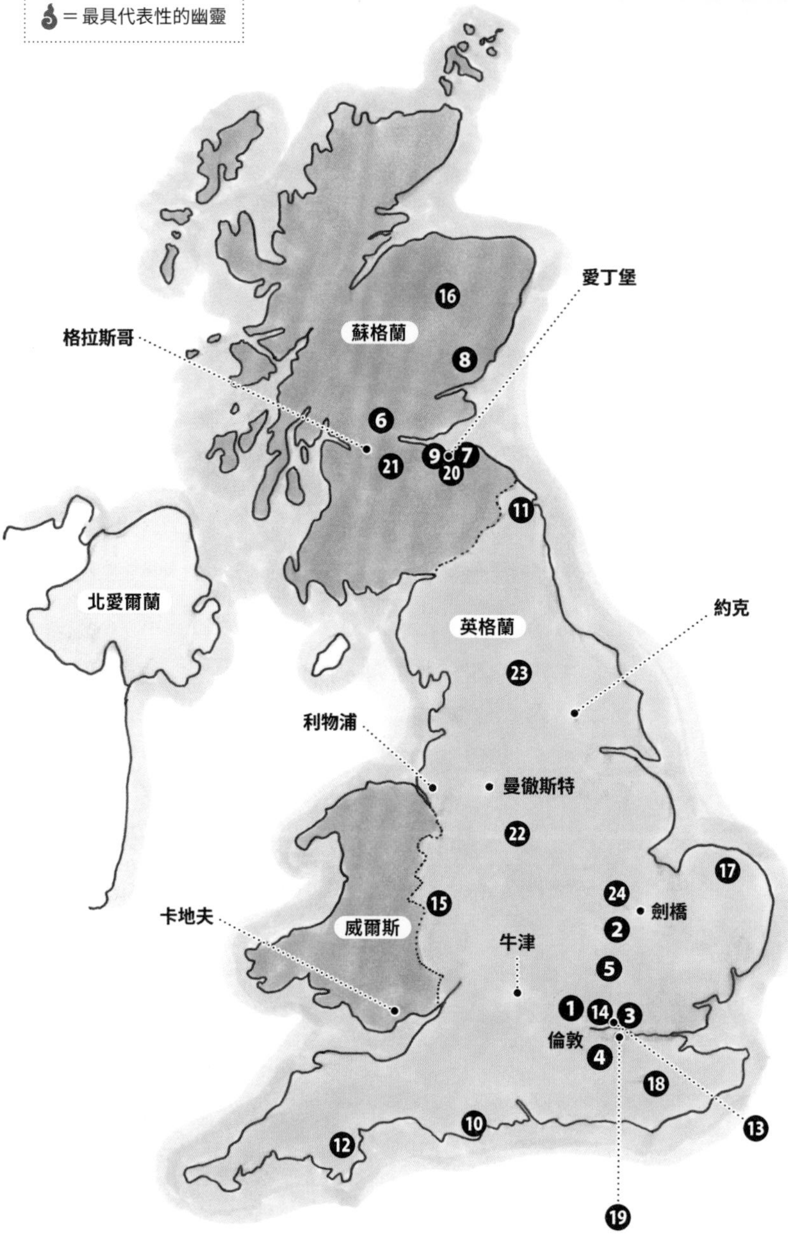

❶ 溫莎城堡

- 伊莉莎白一世
- 亨利八世
- 查理一世
- 喬治三世

❷ 金博爾頓城堡

- 亞拉岡的凱薩琳

❸ 倫敦塔

- 亨利六世
- 愛德華五世
- 安妮・博林

❹ 漢普頓宮

- 亨利八世
- 珍・西摩
- 凱薩琳・霍華德

❺ 哈特菲爾德莊園

- 伊莉莎白一世

❻ 史特靈城堡

- 瑪麗・斯圖亞特

❼ 荷里路德宮

- 瑪麗・斯圖亞特
- 達恩利勳爵

❽ 格拉姆斯城堡

- 比爾迪伯爵

❾ 愛丁堡城堡

- 瑪麗・德・吉斯

❿ 科夫城堡

- 殉教者愛德華
- 埃塞爾雷德

⓫ 奇靈漢城堡

- 藍色男孩

⓬ 貝利・波默羅伊城堡

- 波默羅伊家兄弟

⓭ 白金漢宮

- 約翰・格溫少校

⓮ 肯辛頓宮

- 喬治二世
- 瑪麗二世

⓯ 拉德洛城堡

- 瑪莉安・布魯艾

⓰ 巴摩拉城堡

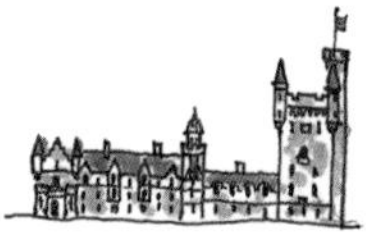

- 約翰・布朗

⓱ 布利克林莊園

- 安妮・博林

⓲ 赫弗城堡

- 安妮・博林

⓳ 蘭貝斯宮

- 安妮・博林

⓴ 博斯威克城堡

- 瑪麗・斯圖亞特

㉑ 克雷格內森城堡

- 瑪麗・斯圖亞特

㉒ 塔特伯里城堡

- 瑪麗・斯圖亞特

㉓ 博爾頓城堡

- 瑪麗・斯圖亞特

㉔ 彼得伯勒大教堂

- 亞拉岡的凱薩琳

The HAUNTED CASTLE Case 1

WINDSOR CASTLE

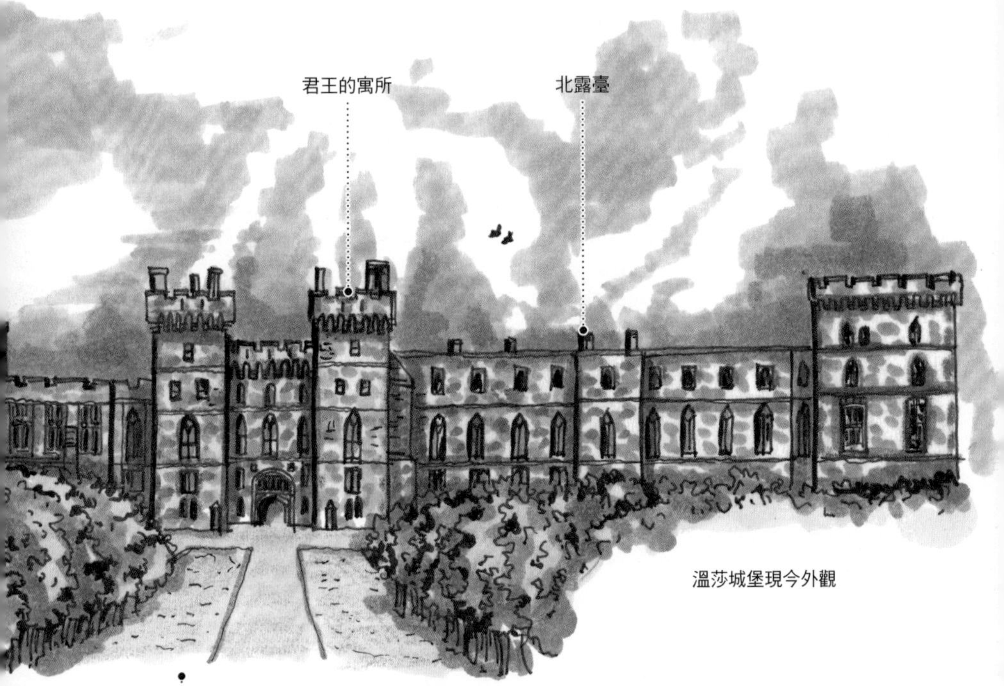

溫莎城堡現今外觀

現今英國王室名為溫莎王朝，而此名稱源自於這座城堡。溫莎王朝是1714年由來自德國的喬治一世所開啟的漢諾威王朝直系。「漢諾威（Hanover）」一詞取自德國地名「Hannover」，在第一次世界大戰中，由於德國成為敵國，因而以王室城堡之一的溫莎來為王朝命名。

溫莎城堡與25位幽靈

溫莎城堡的中心地帶建有源自「城寨（Motte-and-bailey）」這種建築樣式的土丘（motte）。這是威廉一世（在位1066-1087）自法國引進的設計，其中屬溫莎城堡中的土丘最為古老。

聖喬治禮拜堂

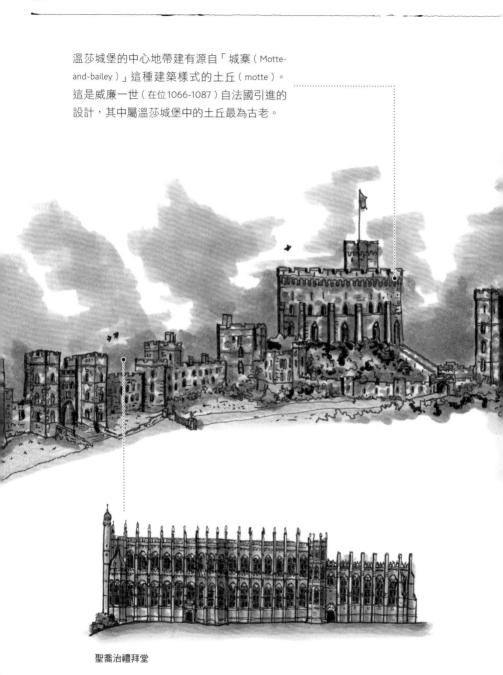

位處倫敦西方35公里處，坐落於泰晤士河南岸的溫莎城堡，乃英國最大、最古老的城堡。這座城堡於11世紀由征服者威廉一世下令建造以來，不斷隨著歷代君王之命整修改建，至今依然是英國王室的官邸。已故女王伊莉莎白二世[※1]生前會在溫莎城堡度過週末時光，然而，這座城堡恐怕是全英國被目擊到最多鬼魂的地方。實際上，光是接獲報告的案例就多達25位幽靈。

這座城堡不但是歷任英國君王的住所，亦用來接待外賓或作為軟禁處，可謂歷史變遷的最佳見證者。不僅如此，在愛德華四世統治時期動工興建的城堡內禮拜堂[※2]乃王室墓地，安葬了10多位君王與王后。

有鑑於此，這座城堡會有許多君王與王后的鬼魂出沒，似乎是再正常不過的事。其中最有名的莫過於伊莉莎白一世[※3]、查理一世[※4]、喬治三世[※5]這3位國王，以及亨利八世[※6]與數名遭其處死的妻子亡魂。

許多遊客表示，曾在城堡內聽到亨利八世瘸著腿走來走去的腳步聲。晚年飽受下肢潰瘍之苦的亨利八世的腳步聲相當具有辨識度，據聞一聽就認得出來。還有人宣稱曾聽到他所發出的痛苦呻吟聲，不過，倒是從未傳出目睹

※1 Elizabeth II 1926－2022（在位1952－2022）。英國女王

※2 聖喬治禮拜堂（St George's Chapel）

※3 Elizabeth I 1533－1603（在位1558－1603）。英國都鐸王朝女王

※4 Charles I 1600－1649（在位1625－1649）。英格蘭暨蘇格蘭國王

其身影的消息。

苦苦呻吟並四處飄蕩的幽靈，感覺似乎很可憐。如果亨利八世留給世人的印象就是瘸著腿不良於行的形象，也未免有點可悲。然而，思及其所作所為——亟欲生下兒子而結了6次婚，反覆離婚與處決妻子——就會覺得這樣的下場說不定也是剛好而已。之所以只聞其聲不見其影，或許是亨利八世自身不願讓人見到其痛苦憔悴的模樣，抑或是人們根本不想看到他。

遭亨利八世處死的首位王后——安妮·博林[※7]的鬼魂，也曾在溫莎城堡內外被民眾目擊。具體來說，像是在城堡的大禮堂內徘徊、出現在城堡腹地內的總鐸[※8]宅邸窗邊哭泣。還曾傳出有人看到無頭安妮的鬼魂抱著發出慘叫聲的頭顱在城堡內奔跑的消息，簡直媲美恐怖電影。這實在過於驚悚不符合英國幽靈的風格。若真如此，伊莉莎白二世等王室成員又怎會願意在這種地方度過週末時光呢？因此不由得令人懷疑，這應該是被加油添醋編造出來的。

總而言之，安妮·博林的亡魂也與丈夫一樣，似乎都無法安息。不過這也難怪，她在流產失去兒子短短3個月後便被宣判死刑，遭到斬首而飲恨離世。

※5 George III 1738-1820（在位1760-1820）。英國漢諾威王朝君王

※6 Henry VIII 1491-1547（在位1509-1547）。英國都鐸王朝君王

※7 Anne Boleyn 1507-1536。英國君王亨利八世的第2任王后

※8 Dean 首席司祭、座堂主任

亨利八世與安妮·博林的女兒，擁有榮光女王、童貞女王美譽的伊莉莎白一世（1533-1603）的鬼魂，也再三被目擊。愛德華六世※9、愛德華七世※10、伊莉莎白二世與妹妹瑪格麗特公主（1961-2002）皆為目擊者。喬治六世※11表示，在第二次世界大戰即將爆發之前，連續8晚看見伊莉莎白一世現身。喬治三世還宣稱自己曾與伊莉莎白一世交談，然而，他在晚年患有精神疾病，直到過世前都被軟禁於溫莎城堡，死後亦化作幽靈，在這座城堡被人目擊到其身影。據悉喬治三世是遭到毒殺，後來以其頭髮進行調查，驗出了高濃度的砒霜。由此可合理推測，他之所以會發瘋，極有可能是中毒引起的。他被關在位於圖書館下方的房間內，只能憑窗眺望室外景色，據說直到現在，他仍偶爾會在此處現身。

至於伊莉莎白一世的鬼魂則是時常在圖書館被撞見。據悉她現身時會傳來鞋跟踩響木地板的聲音，接著穿過圖書館消失在隔壁的房間。由於圖書館並未鋪設地毯，因此能清楚地聽到鞋子所發出的聲響。根據目擊者描述，伊莉莎白一世身穿黑色長袍，搭配一條黑色蕾絲披肩。有關當局也曾收到城堡

※9 Edward VI 1537-1553（在位1547-1553）。英國都鐸王朝君王

※10 Edward VII 1841-1910（在位1901-1910）。英國君王

※11 George VI 1895-1952（在位1936-1952）。英國君王

警衛在圖書館隔壁的房間撞見伊莉莎白一世的報告（也就是說，在她從圖書館前往隔壁房間的當下，以及完成移動的過程都曾被人目擊）。

關於伊莉莎白一世，還有人目睹到她站在總鐸宅邸窗邊的身影。她的生母安妮·博林也曾在這個地方被人目擊，母女在同一場所現身頗耐人尋味，但也有可能是目擊者誤認，將兩人搞混。畢竟是母女，長相與氣質或許有相似之處也說不定。至今僅聽聞兩人會在同一地方分別現身，未有兩人同時出現的傳聞，也就是說，母女倆即便同樣身處溫莎城堡也無緣見上一面，不由得令人感慨。安妮·博林遭到處決時，伊莉莎白一世才2歲，還是懵懵懂懂的年紀。

這座總鐸宅邸不只有安妮·博林與伊莉莎白一世逗留，還留有各式各樣的幽靈傳說。諸如身分不詳的男鬼突然出現，高喊「今天不想騎馬」，或是英國王室中唯一被處死的國王查理一世的鬼魂會在此出沒等等。與議會鬧翻的查理一世因英格蘭內戰敗北而慘遭斬首，被葬於城堡內的小教堂。據悉當時為公開處決。

此外，根據曾短期入住此宅邸的記者表示，這棟建築物照理說沒有其他人在，卻經常在半夜聽到腳步聲。而且樓梯明明只有3階，但會傳出走下第4階的聲響，令其感到不可思議。後來才得知，原來從前樓梯真的有4階，但在整修時拿掉了一階。至於是誰的腳步聲雖不得而知，但這無疑是相當具有英國風格，別具趣味的幽靈傳說。

不光只是總鐸宅邸，整座城堡也頻頻傳出各種目擊消息。溫莎城堡內年代較新的幽靈，則屬伊莉莎白二世與妹妹瑪格麗特公主的母親，據說她們曾經在此看見其鬼魂。先不論這位幽靈是否真的現身，但死後繼續留在這座城堡，對於皇家幽魂而言或許是再理所當然不過的事。

除了君王與王后的鬼魂外，也曾傳出被軟禁於諾曼塔內的某某人陰魂不散、數名在夜間巡邏的士兵撞見執勤時舉槍自盡的年輕衛兵鬼魂等消息。

還有更怪奇的事，禮拜堂旁竟多出了原本並不存在的雕像（後來要進行調查時卻又消失無蹤）。這或許是源自於英國人認為古物皆有靈性的觀念，諸如馬車、雕像之類的「物件」亡魂，據說也經常在英國被目擊。

話說回來，無論是伊莉莎白一世，還是感覺死不瞑目、對世間有所留戀的安妮．博林與喬治三世的鬼魂皆在此處飄盪，但這座城堡至今仍被當作王室家族的住所使用，著實令人感到詫異。倘若日本的達官顯貴官邸有多達25位的先祖幽魂出沒，肯定會大作法事，傾全力超渡亡魂。然而在英國，一般來說不會產生想要趕走前住戶鬼魂的念頭。在日本往往認為撞鬼會厄運纏身或被詛咒，但這一點卻不適用於英國的幽靈，因為他們大多就只是待在那裡而已。既然不會產生危害那就和平共存，此即英國人的想法。他們反而對這些歷史名人的幽靈感到很親近，甚至認為有其存在的價值。舉例來說，關於伊莉莎白二世與瑪格麗特公主在城堡內看見母親亡魂的傳聞，不禁令人聯想到，這或許與女王選擇在此度過週末時光不無關係。

從英國人既畏懼幽靈同時亦展現出敬意的態度即可得知，在他們的觀念中，幽靈是基於史實的存在，因獲得民眾的共鳴、同情與尊敬而幻化為長久停留在這個世上之物。

話雖如此，出沒於溫莎城堡的鬼魂中也有例外，據信不乏會對人們造成危害，抑或被認為是不祥象徵的幽靈。好比遠在莎士比亞時代便已成為其筆下人物的傳說中的獵人，赫恩（Herne）。

在理查二世執政時期，於溫莎城堡私人狩獵場負責打獵的赫恩，在狩獵過程中為了保護主人而被公鹿所傷，因巫師[※12]出手相救而撿回一命，但代價是失去一身的狩獵本領。對此感到十分苦悶的赫恩，相傳於溫莎城堡森林中的某棵櫟樹上吊自盡，並幻化為幽靈帶著獵犬，在溫莎城堡外的大公園（Great Park）策馬奔馳。200多年來不斷被民眾目擊到其身影。

坊間流傳赫恩會帶走遊蕩的鬼魂，引導其前往另一個世界，還有一說指稱，聽到獵犬吠叫或奔跑聲時必須全速逃開，若不幸打照面會被困在赫恩的狩獵團中，永不得脫身。

根據傳說，赫恩之所以會失去狩獵本領，是因為遭到同僚嫉妒而被出賣給巫師，之後同僚們亦喪失打獵功夫，成為幽靈加入赫恩的狩獵團。這個故事頗耐人尋味，而且帶有神話色彩，感覺是後來才添加的情節。實際上，說不定赫恩是因為在狩獵過程中受傷，導致身手衰退，鬱鬱寡歡而自盡……根

※12 相傳為瑣羅亞斯德教（Zoroastrianism）的祭司

據傳說描述，出手搭救的巫師將小鹿的角接在赫恩受傷的頭部，令其死而復活，因此赫恩成為幽靈後，頭上便長著2根角。也因為這樣，有一說認為赫恩的傳說可能源自凱爾特（Celtic）神話的森林之神賽努諾斯（Cernunnos）（另一個更為寫實的版本則是，因受傷痛到失去理智的赫恩誤殺公鹿，並將鹿角舉在頭上在森林裡到處亂竄……因此也有人認為，這就是赫恩的鬼魂長角的由來）。

1796年，喬治三世在位期間，被認為是赫恩上吊自盡的那棵櫟樹曾一度遭到砍伐。官方說法為意外事故，但真相不得而知。或許是有關當局為了阻止不祥的幽靈出沒而砍樹也說不定。畢竟赫恩並非王室成員，只是一介獵人，可以較無顧慮地對其下驅逐令。然而此舉並未奏效，據悉赫恩仍不斷出現，直到後來愛德華七世種下替代的樹木為止。

後來，真正的「赫恩櫟樹」其實是另一棵樹的主張廣為流傳，許多民眾也轉而相信這項說法。被認為是「赫恩櫟樹本尊」的樹木，在1863年的暴風雨中被吹倒，並由維多利亞女王下令於原地種植新樹。現在則是新植於另一地點的樹木被稱為「赫恩櫟樹」，究竟哪一棵才是真正的赫恩櫟樹，目前尚無定論。留存至今的「赫恩櫟樹」已無關真假，而是代表人們追悼赫恩之意的象徵而存在。

坊間亦流傳著看見赫恩的鬼魂會發生不幸之事的說法，而且相傳當英國或王室有狀況時，赫恩就會出現在這棵櫟樹的樹蔭下（據悉1931年的經濟大恐慌，以及1939年第二次世界大戰爆發前夕，赫恩都曾現身）。或許並不是看見赫恩就會發生壞事，而是他為了告知世人即將發生的壞事才現身也說不定。

長眠於溫莎城堡內 聖喬治禮拜堂的君王

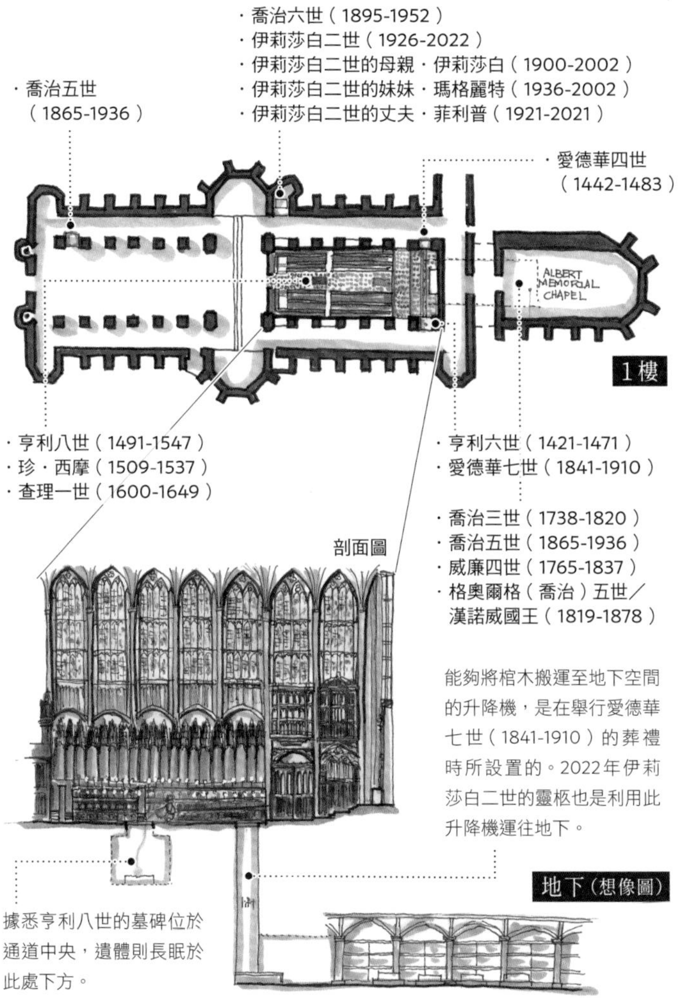

聖喬治禮拜堂的地下有許多君王長眠。尤其是喬治三世（1738-1820）以後的王族皆埋葬於此。2022年伊莉莎白二世亦加入此行列。

DATA

溫莎城堡小檔案

Windsor Castle

有關溫莎城堡的起源可追溯至征服者威廉一世（在位1066－1087）執政時期。這是一座以堆土建成的「土丘（motte）」，以及建於其上的「主樓」（作為城堡最後一道防線的主要塔樓）為中心，配置護城河與透過城牆圍繞的「陣地（bailey）」所形成的「城寨（Motte-and-bailey）」堡壘。

土丘至今仍存在於城堡中央，高約15公尺，稱之為「中區」，左右則為上區與下區。初始為木造，在亨利二世（在位1154－1189）執政時期改建成被稱為「圓塔（Round Tower）」的石造主樓（Donjon，亦稱Keep），與

外城牆同為1170年左右竣工之建築。一般認為大規模的擴建工程始於亨利一世與二世時期，不過真正大興土木的建設，則於愛德華三世（在位1327-1377）統治時期動工。這些建設包括位於下區（1528年由亨利八世建造完成）的聖喬治禮拜堂，以及位於上區的寓所（君王居住之處），而且皆為尖拱造型的「哥德式建築」。進入都鐸（Tudors）時代後，亨利八世經常在此辦公、操持國事，伊莉莎白一世則增建了「北露臺」。伊莉莎白一世在位時，適逢建築樣式從哥德式轉變為文藝復興風格的過渡期，在英國亦被稱為「伊莉莎白一世樣式」。

溫莎城堡的平面圖（1700年左右）

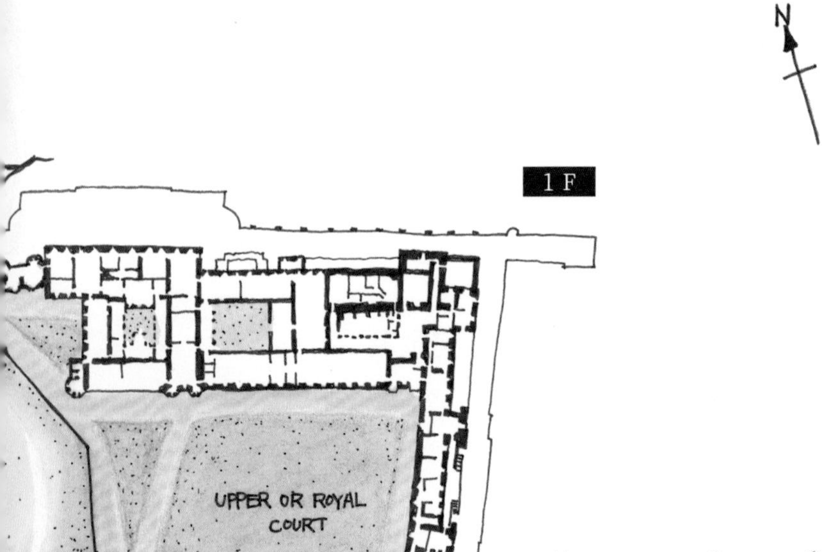

伊莉莎白一世的鬼魂所現身之圖書館的示意圖。圓弧狀往外側突出的部分，似乎是近世才增建的，據信建築風格源自19世紀的新歌德式（Neo-Gothic Style）。

Anne Boleyn

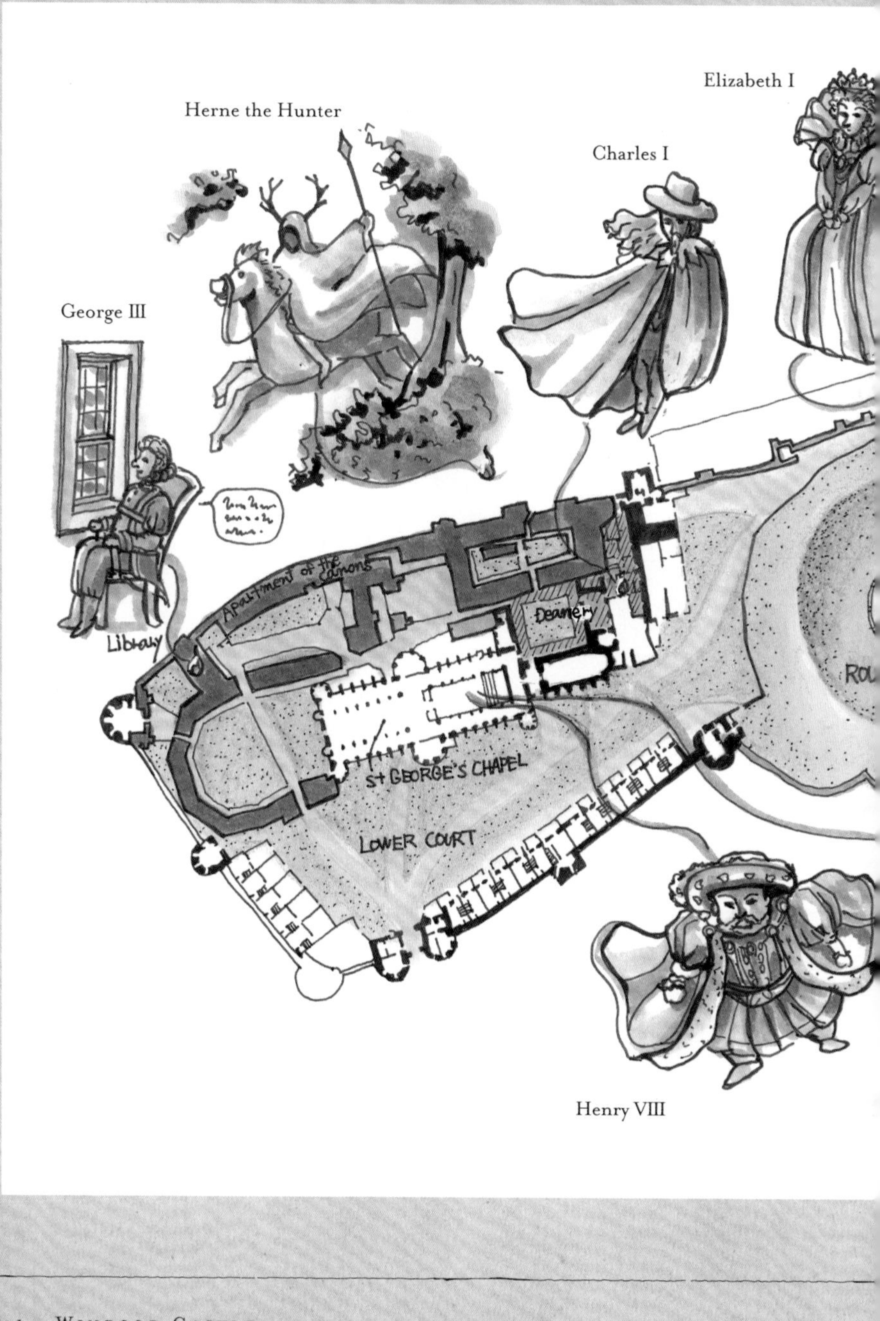
Elizabeth I
Herne the Hunter
Charles I
George III
Library
Apartment of the Canons
Deanery
St GEORGE'S CHAPEL
LOWER COURT
Henry VIII

The HAUNTED CASTLE Case 2

KIMBOLTON CASTLE

金博爾頓城堡與亞拉岡的凱薩琳

東側立面建有神殿門面風格的柱廊（portico），但是否為凡布魯（John Vanbrugh，1664–1726。英國建築師、劇作家）的設計則沒有定論。因為此設計既可被歸類為17世紀流行於英國的帕拉迪奧主義（Palladianism），亦可視為18世紀的新古典主義風格。

金博爾頓城堡現今外觀

凡布魯為了營造「宛如城堡的氛圍」，而在立面上方設置了中世紀風格的鋸齒狀矮牆。他亦將此設計沿用至另外3座立面，進行改建。

在Case1講述出沒於溫莎城堡的幽靈時，亦提到了亨利八世[※1]，他最著名的事蹟莫過於結了6次婚，而首任妻子即為亞拉岡的凱薩琳[※2]，通稱卡塔莉娜（Catalina）。

亨利八世的妻子們泰半成為幽靈，與其同樣在溫莎城堡、漢普頓宮、倫敦塔等地被民眾目擊。然而，卡塔莉娜與亨利八世和其他王后不同，似乎僅出現於生前被幽禁的金博爾頓城堡（位於劍橋郡）。

儘管遭到丈夫冷漠對待且被軟禁，但卡塔莉娜深受人民愛戴。在她身亡後，金博爾頓城堡附近的居民依然對其鬼魂懷抱著敬意。

被打入冷宮之後抱憾離世的卡塔莉娜，之所以能在身故後廣獲英國民眾的同情與尊敬，全都要歸功於其生前身為王后的德行，令人為其不幸的遭遇抱屈。她在攝政方面表現出色，離開祖國西班牙稱職地扮演了英國王妃的角色，在君王移情別戀後仍然持續從事慈善與教育援助等活動，為英格蘭盡心盡力。

卡塔莉娜的雙親[※3]統一了西班牙並共同執政，身為排行最小的公主，為了

※1 1491-1547（在位1509-1547）。英國都鐸王朝君王

※2 Catherine of Aragon 1485-1536。出身西班牙的王后

※3 費南多二世（Fernando II）與伊莎貝爾一世（Isabel I）

鞏固西班牙與英格蘭的關係，年僅15歲的她在1501年11月便遠嫁至英格蘭。結婚對象為亨利七世的長子亞瑟太子，然而天生體弱多病的亞瑟婚後不到一年便突然撒手人寰。像這種情況，通常會將膝下無子的年輕寡婦送返祖國，但西班牙與英格蘭國王出於政治考量，打算將卡塔莉娜改嫁給亞瑟之弟亨利八世，她才因而續留英格蘭。

據聞卡塔莉娜與亞瑟之間沒有夫妻之實。《舊約聖經》的《利未記》禁止男性與嫂嫂或弟妹發生肉體關係，不過若夫妻之間沒有小孩的話，女方則能破例再婚。1503年6月23日，亨利八世與卡塔莉娜締結婚約，並決定等當時11歲的亨利年滿15歲時再舉行婚禮。原本是小叔的亨利八世成為卡塔莉娜的未婚夫，兩人相處融洽，建立起良好的關係。然而，卡塔莉娜在亞瑟死後長達好幾年都無法再婚，日子過得相當辛苦。

亨利七世以「卡塔莉娜與亞瑟為有名無實的夫妻」為由，不承認媳婦為寡婦，拒絕提供金錢方面的援助。據悉卡塔莉娜因為經濟困頓，動輒病痛纏身。而且亨利七世雖然讓卡塔莉娜留在英格蘭，但始終沒有允許她與亨利八世結為連理。隨著卡塔莉娜的母親伊莎貝爾女王離世，西班牙的國力大不如前，讓亨利七世得以藉由這項政治因素大做文章，並意圖搬出《利未記》的教條來阻攔婚事，但這項舉動無疑與他不承認卡塔莉娜為亞瑟的妻子，而不肯分配遺產和提供生活費的作為自相矛盾。

其實亨利七世在1503年喪妻之後，曾經向西班牙表明想迎娶喪夫的卡塔莉娜作為繼室，卻惹得伊莎貝爾女王勃然大怒（隨後才談妥卡塔莉娜與亨利八世的婚事）。令人忍不住猜疑，亨利七世可能是因為求婚被拒而懷恨在心，才會如此苛待卡塔莉娜。然而，他的兒子亨利八世想跟卡塔莉娜結婚的心意似乎未曾動搖過。從當時的書信等物便能看出，亨利八世對這位年長自己6歲的女子深深著迷。1509年4月21日亨利七世駕崩，亨利八世隨後即位為英國國王，服喪期未滿便強行舉行婚禮。相傳當時只有一名見證人觀禮，相信他應該是想盡早完婚才會如此迫不及待。當時卡塔莉娜24歲，亨利八世18歲。

婚後卡塔莉娜6度懷孕，但不是死產就是流產，除了日後當上英國女王的瑪麗[※4]外，未能養育其他孩子。而亨利八世則是無論如何都想要有個兒子。或許這亦受到國王有義務親赴戰場的風潮影響，當時英國並不允許女性繼承王位，因此亨利八世會有這樣的想法其實並不奇怪。1511年2月，在卡塔莉娜所誕下的男嬰未滿2個月便夭折後，亨利八世開始到處拈花惹草，腳踏多條船。夫妻倆在女兒瑪麗誕生後，關係仍有嫌隙。相傳亨利八世認為，他與卡塔莉娜無法生養男孩，可能是哥哥亞瑟的怨念作祟，抑或是違背《聖經》教條，與兄弟之妻結婚而受罰遭到詛咒。

1527年6月，亨利八世向卡塔莉娜表明離婚之意，但是卡塔莉娜不從。周遭的人則冷眼看待一心策劃離婚的亨利八世。卡塔莉娜在政治方面發揮長才，亦熱心從事慈善與教育援助活動，因而廣獲人民敬重。

同一時期，瑪麗・博林（Mary Boleyn）與安妮・博林[※5]姊妹在卡塔莉娜身邊擔任侍女。當時姊姊瑪麗已是亨利八世的情婦，並產下2名庶子。妹妹安妮後來一躍成為亨利八世的第2任王后，將卡塔莉娜擠下王后寶座。相傳毫不知情的卡塔莉娜還對剛從法國返回英格蘭，尚未熟悉環境的安妮多所關懷、

※4 1516－1558。英國女王瑪麗一世（Mary I，在位1553－1558）

※5 1507－1536。英國君王亨利八世的第2任王后

親切相待。

1531年夏天，卡塔莉娜被迫與亨利八世分居，因為丈夫已經鐵了心要跟安妮．博林結婚。由於羅馬教宗不同意兩人離婚一事，亨利八世乾脆直接修法，於1534年創設英國國教派，並由自己擔任領袖，脫離羅馬教廷獨立。他命令英國國教大主教宣判自身與卡塔莉娜的婚姻無效。當初明明殷殷期盼，迫不及待地將人娶進門，如今卻如此任性無情。卡塔莉娜與亨利八世分居後，被迫輾轉於鄉間的小城堡生活，同年5月最終被軟禁於金博爾頓城堡。

亨利八世與有孕在身的安妮．博林於1532年11月14日祕密結婚，直到1533年4月12日才公布這件事。換句話說，亨利八世在大主教宣判他與卡塔莉娜的婚姻無效之前，便已強行與安妮．博林結婚（而且據說亨利八世此時還有其他情婦）。這或許是為了不讓安妮．博林腹中的胎兒淪為庶子才採取的措施，但此舉不但糟蹋了髮妻，亦未顧及世人觀感，如同當年才喪父不久便強娶卡塔莉娜一般，可看出亨利八世為所欲為與不成熟的一面。

卡塔莉娜與亨利八世的婚姻被宣判無效之後，女兒瑪麗遂被當作庶女對待。她被禁止與女兒見面和通信，受到嚴密的監控，亦無法從事慈善活動、與村民交流。話雖如此，負責監視她的貴族仍然網開一面，讓卡塔莉娜得以上教堂做禮拜，可見她應該具有獨特的魅力，讓人們願意相挺。相傳卡塔莉娜被軟禁於金博爾頓城堡後，附近居民依然尊稱她為王后，對其展現出敬愛之意。

1536年1月7日，卡塔莉娜因為罹癌而在金博爾頓城堡溘然長逝。享年51歲。由於亨利八世下令低調處理喪葬事宜，瑪麗亦不被允許為母親送終。不過，無視亨利八世這項命令而前來參加喪禮的民眾多達500人，相傳大家一路從金博爾頓城堡走到40公里遠以外的埋葬地點，輪流為卡塔莉娜抬棺。

卡塔莉娜本身拒絕承認婚姻無效的宣判，直到過世前幾天，在寫給國王的書信中仍以「英格蘭王后」署名。

而將卡塔莉娜擠下王后寶座的安妮·博林在當上王后不久後，便產下日後成為女王的伊莉莎白一世，但滿心期盼兒子誕生的亨利八世則大失所望。後來儘管安妮．博林曾懷上男孩，仍不幸流產。她也因此失去了亨利八世的寵愛。相傳安妮．博林小產那天剛好是卡塔莉娜下葬之日，因而引發坊間謠傳，安妮流產是受到卡塔莉娜的詛咒。

後來亨利八世又看上另一名女子，他與擔任安妮．博林貼身侍女的珍．西摩[※6]墜入愛河。從一介侍女躍升為王后的安妮．博林，也同樣遭到自身的侍女篡位，說來著實諷刺。與卡塔莉娜一樣不肯聽命離婚的安妮．博林被冠上不貞與叛國罪名，在卡塔莉娜死後4個月的1536年5月，於倫敦塔遭到處決。

相傳安妮．博林被處刑之際，位於卡塔莉娜長眠之地——彼得伯勒大教堂（Peterborough Cathedral）祭殿內的蠟燭同時燃燒了起來。聽起來實在頗為駭人。蠟燭在同一時間燃起火光，彷彿就像無聲拍手叫好般。被自己的貼身侍女恩將仇報，最後抑鬱而終的王后，看到這名可恨之人落得同樣下場並遭到處決而覺得痛快——如此想像，不禁令人感到不寒而慄。由於卡塔莉娜知性

※6
Jane Seymour
1509－1537，英國君王亨利八世的第3任王后

凜然又廣受民眾景仰的王后形象深植人心，所以才更顯得恐怖（相傳祭殿內的蠟燭也曾在儀式過程中同時熄滅，亨利八世派出多達30人的調查團前往勘查，卻找不出任何原因）。

話說回來，現身於金博爾頓城堡的卡塔莉娜亡魂，雖然面容慘白，據聞是安靜又無害的存在。

從前她所居住的地方，現在已改建為學校，至今仍有師生目擊到她在室內走動，或從房間窗戶眺望室外景色的身影。校方所提供的官方導覽亦刊登了有關其幽魂的記載，無論是學生或附近居民都對其展現出敬意。

金博爾頓城堡在歷經修建後，2樓地板的位置與卡塔莉娜生前不同（地板變高），因此有傳聞指出，她的上半身會出現在2樓，穿著連衣裙的下半身及裙襬部分則會浮現於1樓天花板的下方。這個畫面感覺有點俏皮，想像起來還頗為逗趣。

從相關目擊證詞來看，至少常駐在金博爾頓城堡的卡塔莉娜鬼魂並未對誰展現出怨恨或詛咒之意，亦未顯得痛苦不堪。或許是卡塔莉娜善良又穩重的形象，永遠留存於敬愛她的民眾記憶中，大家亦希望她在死後仍舊能保持不變。

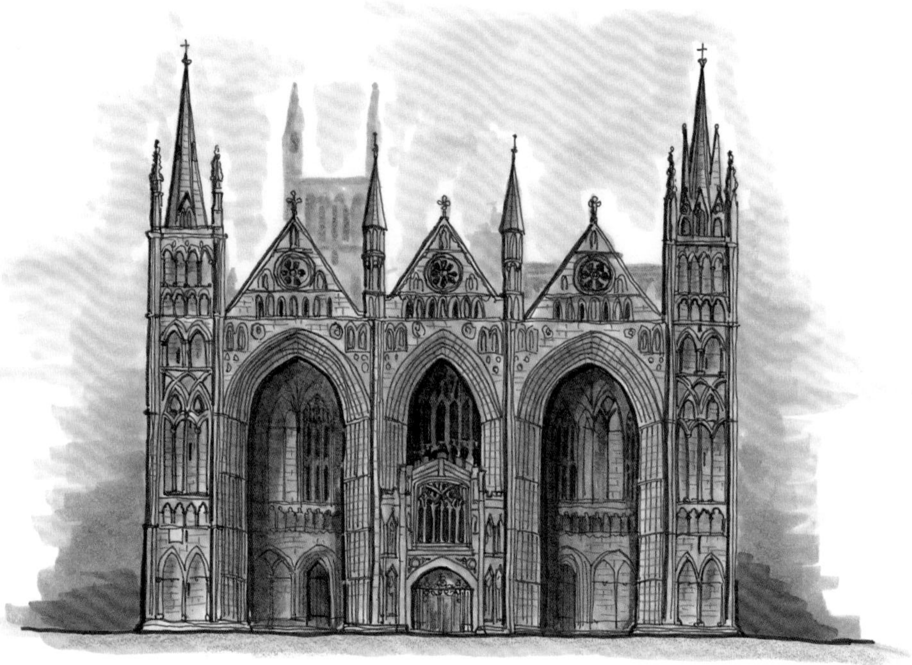

彼得伯勒大教堂

DATA

金博爾頓城堡小檔案

Kimbolton Castle

金博爾頓城堡的起源如同溫莎城堡（Case1），可追溯至諾曼王朝時代，但當時的城堡並非建於現存的城堡腹地。相傳到了13世紀初，這塊土地分封給艾塞克斯伯爵（Earl of Essex）傑佛瑞・費茲皮爾斯（Geoffrey FitzPiers）之後，才於現址興建城堡，不過現已不復存在。現存的城堡則是由1520年代當時的城主溫菲爾德（Wingfield）家族所建。這是一幢被歸類為英國後期哥德式建築的都鐸王朝樣式莊園宅邸（manor house）。可以從名為「紅房」的玻璃帷幕牆後方，尤其是禮拜堂附近，看見當時的部分建築物。

1615年，這座城堡被第1代曼徹斯特伯爵（Earl of Manchester）亨利．蒙塔居（Henry Montagu）買下之後，直到1950年脫手之前，皆由蒙塔居家族代代繼承。現存的城堡是由第4代曼徹斯特伯爵查爾斯．愛德華．蒙塔居（Charles Edward Montagu，於1719年成為第1代曼徹斯特公爵）於1690年至1720年陸續整建而成。這是出自知名建築師亨利．貝爾（Henry Bell）的設計，並由威廉．柯爾曼（William Coleman）負責興建工程。他們最先著手的項目，是從1690年動工修建至1695年才完成的中庭，並且增設了一座主樓梯。從前所使用的大廳（Great Hall）則分割改建為「白廳」以及「紅房」。爾後，位於城堡東南隅的「綠房」一帶坍塌，因而於1707年展開南側立面的重建工程。負責經手這項工程的是英國最具代表性的巴洛克建築師約翰．凡布魯（John Vanbrugh）以及尼可拉斯．霍克斯摩爾（Nicholas Hawksmoor）。

金博爾頓城堡的平面圖（1700年左右）

Catherine of Aragon

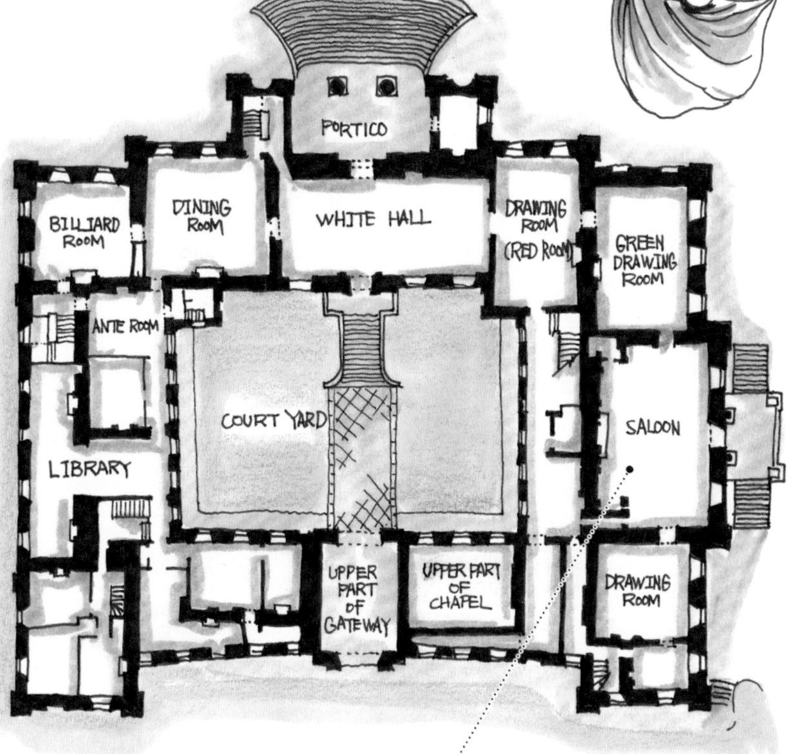

1 F

只有下半身顯現於1樓沙龍的卡塔莉娜鬼魂。她在1534年5月被軟禁於金博爾頓城堡的房間內。相傳這個房間位於城堡的西南隅，現在的內部結構則是18世紀以後才形成的。在她離世後，由白金漢公爵（Duke of Buckingham）的遺孀安妮・斯塔福德（Anne Stafford）於16世紀中葉增建中庭。

The HAUNTED CASTLE Case 3

TOWER OF LONDON

被囚禁於倫敦塔的鬼魂們

亨利二世（1133–1189）下令在主樓的外牆塗上白灰泥，並於禮拜堂增設彩繪玻璃。這座外牆面的風格成為「白塔（White Tower）」之名的由來。「白塔」長達數世紀被當作王宮的一部分使用，主樓在歐洲為數一數二大的規模。

倫敦塔現今外觀

倫敦塔的歷史相當久遠。而且，無比血腥。

雖然名為塔，但是占地十分廣大，由好幾座塔樓與設施組合而成，包括最早興建的白塔（建設當時以灰泥粉刷成白色）、關押囚犯的博尚塔（Beauchamp Tower）、血腥塔（Bloody Tower）、設有斷頭台的大草坪（Tower Green），以及禮拜堂等等。據悉每棟建築都有命喪倫敦塔的死者幽靈出沒。

倫敦塔原本是1078年威廉一世※1用來作為軍事要塞所建造的堡壘，但相傳於1100年已開始被當作監獄使用。後來亨利三世※2進行大規模改建，將陣地內的面積擴大一倍，並正式設置監獄啟用。

其後倫敦塔不斷經過歷代君王的修築，亨利七世與兒子亨利八世還將塔內的起居棟大幅整修，居住於此。據悉這對父子是將倫敦塔當作王宮使用的最後2位英國君王，而且亨利八世相當喜愛待在這裡。

另一方面，在亨利八世統治期間，包含他的2位王后——安妮·博林與凱薩琳·霍華德在內，有許多人被關入倫敦塔並遭到處決。既是監獄也是刑場的這個地方不斷有幽靈出現的傳聞實屬自然，相關的幽靈傳說甚至多到寫

※1
William I
1028左右－1087（在位1066－1087）。英國諾曼王朝首任君王

※2
Henry III
1207左右－1272（在位1216－1272）。英國金雀花王朝君王

不完，其中最有名且廣為人知的，莫過於亨利八世的第2任王后安妮．博林的鬼魂。

安妮．博林是亨利八世的第2任妻子。大眾往往認為她是擠下備受愛戴的卡塔莉娜王后登上國母寶座的惡女，但若仔細推敲會發現，身為卡塔莉娜王后侍女的安妮．博林，不太可能為了成為王后而主動魅惑亨利八世。亨利八世在與安妮結婚前，已和她的姊姊瑪麗．博林有婚外情，並在其生完第2胎後始亂終棄。瑪麗遭拋棄後嫁給低階貴族，被迫過著貧困的生活。目睹姊姊這番遭遇的安妮，沒道理野心勃勃地爭取君王的寵愛。她有留學法國的經驗，是一名知性又有教養的女性。

最好的證明就是，安妮不斷拒絕亨利八世長達6年的時間，甚至一度辭去宮中職務逃往父親的領地躲藏。然而亨利八世依然窮追不捨，並成功說服安妮。相傳安妮開出條件，要求亨利八世正式將她立為王后而非只是區區的寵妃，她才願意答應。從亨利八世看上安妮到立其為王后，整整花了將近10年的時間。

然而，安妮所生下的第1胎是女兒（後來的伊莉莎白一世）。一般認為亨利八世是因為第1任王后卡塔莉娜生不出男孩，因而變心愛上安妮。躍升為王后的安妮背負著誕下男嬰的期待，若她無法順利產子，地位也就岌岌可危。安妮在這之後幾度懷孕卻都流產，亨利八世當然按捺不住，又開始將心思放在其他女人身上。出身新興貴族家庭的安妮不像卡塔莉娜那般擁有強力的後盾，亨利八世要將其廢黜另立新后，比休掉卡塔莉娜時還更容易。在卡塔莉娜死後下葬當天，安妮二度流產。這件事成為致命的一擊，亨利八世或許是對安妮感到失望，在她小產才過了4個月，便以通姦等罪名將她逮捕入獄。安妮被控沉迷於男色，與親弟弟和亨利八世的近臣們有染，這些男性也都被判有罪，但按照常理推斷，面對君王長達6年的追求都不為所動並守身如玉的這名女子，不太可能知法犯法做出紅杏出牆這等自尋死路的事。然而亨利八世完全不給她解釋的機會，下令在倫敦塔將其斬首，連喪禮都省去，直接埋葬了事。

安妮在斬首之前被關在鐘塔裡，據說從該處能夠清楚地看見設置於塔丘上的斷頭台。不知她究竟是懷抱著什麼樣的心情在倫敦塔度過處刑前的那段日子。

安妮的鬼魂在倫敦塔內各處被民眾目擊，其中尤以皇家禮拜堂前的大草坪被目擊到的次數最多，相傳她就是在此被斬首的。據悉有時還會看到她以斷頭之姿在四處徘徊的身影。

1864年，有衛兵曾在建於大草坪對面的王后之屋（Queen's House）撞見安妮的鬼魂，此事亦被寫進1864年所召開的軍法會議議事錄裡。其他像是有人看見安妮在白塔的聖約翰禮拜堂威風凜凜地領著僕從前進，也有人在其遺體埋葬地——鎖鏈中的聖彼得皇家禮拜堂（Chapel Royal of St. Peter ad Vincula）目睹其身影。

除了倫敦塔內的目擊傳聞之外，她還屢次現身於倫敦塔以外的地方。包括王后時期所居住的溫莎城堡與漢普頓宮、孩提時代所生活過的布利克林莊園（Blickling Hall）、娘家兼臨時住所的赫弗城堡（Hever Castle）等等，在許多地方都曾被目擊過。有人表示在安妮受審判被宣告死刑的蘭貝斯宮（Lambeth

Palace）地下廳（進行審判的場所），聽見其隔著門訴說自己是無辜清白的，也有人說看到她從這裡搭上小船被移送至倫敦塔的身影。

與安妮．博林有淵源的場所幾乎都有其鬼魂出沒的傳聞，這或許代表她仍然對這個世間有所留戀，儘管不知真相究竟為何，不過至少大眾是這麼認為的。

生前因惡女形象而遭到人民討厭的安妮．博林被冠上莫須有的通姦罪，跌落王后寶座繼而被處死，反而引起大眾同情。安妮毅然決然地走上斷頭台的態度，令民眾讚許其直到最後一刻仍展現出王后的風範。而且據傳她在留給亨利八世的遺書上表明自己是無辜的，並懇求亨利八世好好把女兒扶養長大。可能是因為人民對任性自私的君王感到反感，並對無故犧牲的王后產生共鳴，才使得安妮．博林幻化成出現於全國各地的幽靈吧。

令人感到驚訝的是，據說安妮．博林的亡魂在處刑翌日便已被人目擊。儘管讓人不禁覺得這速度也未免太快了，但將她送上斷頭台的亨利八世不僅在處決當天打獵作樂，隔天還與新戀人珍．西摩（安妮的貼身侍女）舉行訂婚儀式，並於10天後舉辦結婚典禮，也難怪安妮會在處刑翌日便立刻化作幽靈現身。

如同身為卡塔莉娜侍女的安妮喧賓奪主成為王后一般，原為安妮侍女的珍·西摩也以同樣的方式上位，讓人不禁覺得這果然是因果循環。據悉珍也跟安妮一樣，面對君王亨利八世的求愛，開出了「除非你答應立我為后」的條件。

相傳珍·西摩曾請求亨利八世恢復被貶為庶女的卡塔莉娜王后之女瑪麗的地位，是一位心地十分善良的女性，但她誕下男嬰後沒多久便撒手人寰，坊間則謠傳這是受到安妮的詛咒，就如同安妮流產被說成是卡塔莉娜的詛咒那般。然而無論再怎麼想，最該受到怨恨的人應該是始作俑者的亨利八世才對……。

此外，安妮的表妹，後來成為亨利八世第5任妻子的凱薩琳·霍華德※3也與表姊一樣，在大草坪遭到處刑，但從未有人在倫敦塔見過其鬼魂，主要都在她生前與亨利八世共度美好時光的漢普頓宮被人目擊。

※3
Catherine Howard
1522左右－1542。英國君王亨利八世的第5任妻子出沒於倫敦塔的幽靈中，同樣遭到亨利八世處死，名氣僅次於安妮・博林的女性為金雀花王朝（House of Plantagenet）的末代公主——索爾茲伯里伯爵（Earl of Salisbury）夫人瑪格麗特・波爾[※4]。她原本是亨利八世與第1任王后卡塔莉娜之女瑪麗（日後成為女王瑪麗一世）的家教老師，在亨利八世與卡塔莉娜離異後，她被剝奪各項私人權利，發監問斬。相傳是因為瑪麗對繼母安妮展現出憎恨不敬的態度，而被認為是教育出了問題，身為家教老師的瑪格麗特因而被究責，然而，擔任大主教的瑪格麗特之子反對亨利八世與卡塔莉娜離婚，並批評亨利八世的宗教政策其實才是真正的原因。這背後還牽扯到亨利八世等君王來自令金雀花王朝走向式微的都鐸家族，而瑪格麗特乃金雀花家族的血脈。總之，瑪格麗特就是無故遭殃被處死。

據說瑪格麗特的鬼魂每年固定都會在其忌日5月28日的夜裡，現身於大草坪。大部分的英國幽靈即便現身也是沉默不語，但她卻會發出淒厲的叫聲並在建築物內四處狂奔。當年究竟是死得多淒慘，才會令她連死了都無法安息——事實上還真的是很淒慘。年近70被關進倫敦塔的瑪格麗特被送上斷頭

※4
Margaret Pole
1473－1541。
英國貴族

台時慘叫連連，她從劊子手身邊落荒而逃，因此換來一身皮肉傷，最後被強行按壓在斷頭台上遭到斬首。貴為伯爵夫人且身上流著前王朝家族之血的瑪格麗特，這樣的下場實在太過悲慘。

還有其他關於瑪格麗特的靈異現象，像是一把斧頭的影子會橫空出現於大草坪，並浮現在白塔的牆面，彷彿重現處刑之際，劊子手揮舞著斧頭追上前要逼她就範，導致其傷痕累累的景象。

或許是瑪格麗特死得太不甘願，抑或得到許多民眾的同情，她的鬼魂也與安妮·博林一樣，出現在其過去所居住的漢普郡（Hampshire）的沃布林頓城堡（Warblington Castle）等處，在英國各地被民眾目擊。據說瑪格麗特有時會以無頭的模樣現身，但相較於恐懼害怕，當地人們反而對其鬼魂展現出敬愛之意。

在血腥故事一籮筐的倫敦塔，還有數不清的幽靈被人目擊。其中不乏籍籍無名的鬼魂，像是抬著擔架運送屍體的士兵們列隊行進等等。更特別的則是，還有人在馬丁塔[※5]目睹到幽靈熊（倫敦塔從前為皇家動物園，並留有囚禁熊的紀

※5 Martin Tower，數百年來保管王室名下珠寶的塔樓

錄。當時的衛生條件不佳，有段時期還流行將被鍊住的熊扮成大型犬展示，因此熊會變成幽靈一點也不奇怪）。光是知道名字的歷史人物鬼魂，就多到10根手指頭都數不完。與姊姊安妮・博林爆出亂倫傳聞，在遭到監禁後被殘忍處刑的喬治・博林（George Boleyn），據說會面目猙獰地出現於馬丁塔。威克菲爾德塔※6則是有過去被軟禁於此，在禮拜堂遭到不明人士殺害的亨利六世鬼魂出沒。亨利八世死後，繼位成為女王才短短9天，年僅16歲便被處死的珍・葛雷※7，至今仍被目擊到她的鬼魂身穿白色連衣裙，在其當時被軟禁的博尚塔內四處走動的身影。伊莉莎白一世的朝臣，因叛國罪而被關在倫敦塔長達13年的探險家華特・雷利爵士（Sir Walter Raleigh），最終在西敏宮（Palace of Westminster）的廣場被處刑，但據說他的鬼魂會出現在長年被拘禁的血腥塔。華特雖然淪為階下囚卻備受禮遇，在關押期間還可以在城牆上散步、對城堡外的民眾揮手打招呼等等，被允許保有一定程度的自由。他在城牆上的散步路徑被稱為「雷利步道」，據聞至今仍能在此處聽見他的腳步聲。

相傳血腥塔還有被米萊（John Everett Millais）畫成《塔中王子》的少年王

※6
Wakefield Tower，亨利三式建來當作居所的塔樓

※7
Jane Grey
1537－1554
（在位1553年7月10日－19日）。英國都鐸王朝女王

愛德華五世[※8]，與弟弟約克公爵理查（Richard，Duke of York，1473－1483）兩兄弟（國王愛德華四世之子）的鬼魂出沒。愛德華五世在1483年父王駕崩後隨即繼位，但遭到叔父格洛斯特公爵（Duke of Gloucester）理查（後來的理查三世）以庶子身分為由剝奪其王位繼承權，而與弟弟一同被幽禁於倫敦塔。那年直到夏天都還有人見到兩人在塔內的庭園玩耍、從窗戶眺望室外風景的模樣，後來卻再也不見兩人蹤影。受到莎士比亞的戲劇影響，理查三世對2位王子痛下殺手的說法遂在坊間流傳開來，就連倫敦塔的導覽員亦如此解說，但現在反而是被理查三世的接班人，也就是被他的兒子亨利七世殺害的主張更為有力。1674年，在查理二世時代重建白塔的樓梯之際，於塔下發現了2具孩童的骨骸。骨骸後來被埋葬於西敏寺（Westminster Abbey），1933年進行調查時，才鑑定出這2具骨骸是遭到勒斃的14歲與10歲左右的孩童遺骨。據說骨灰罈內亦混雜了動物骨骸，因此無法明確證實這就是王子們的遺骨，但是自從骨骸被發現之後，開始有人在血腥塔內目擊到年幼王子們的鬼魂。據聞他們會穿著白色睡袍，手牽手一起現身。倘若他們的靈魂至今仍無

※8
Edward V
1470－1483
（在位1483年4月9日－6月25日）。
英國約克王朝君王

法離開被監禁的地方，著實令人感傷。但至少，兄弟倆如今仍然陪伴在彼此身旁。

14世紀的倫敦塔

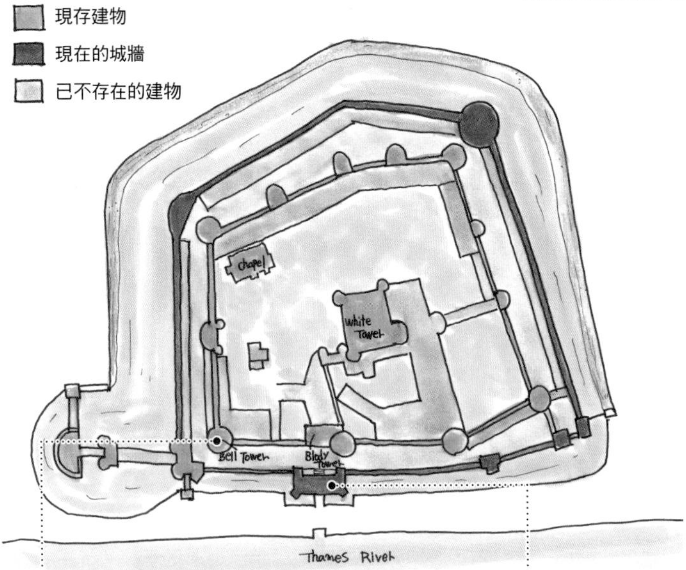

從血腥塔的窗戶眺望室外景色的愛德華五世與約克公爵理查兄弟。

從鐘塔眺望大草坪的安妮・博林。

DATA

倫敦塔小檔案

Tower of London

倫敦塔的起源為堡壘，由征服者威廉一世（1027-1087）下令於古羅馬時代的倫敦城牆東南隅興建而成。紅臉威廉二世（1056-1100）在位期間，於這座堡壘的內側增建了「白塔（White Tower）」作為主樓。狹義的「倫敦塔」便是指這個部分。

這座主樓並非完整的長方形，只有一個角為直角。各邊的長度為30公尺左右，不過正確來說，每邊的長度都不一樣。內部則以隔牆分為大小兩部分。進入白塔的方式與一般主樓一樣，從1樓的入口處通過室外樓梯與前棟便會來到2樓。這座主樓的低樓層城牆厚度約為4.5公尺，一共有4層樓，高度約為27公尺，樓梯則設在建築物的角落。主樓東側的牆體內部設有聖約翰禮拜堂（St. John's Chapel）。

在亨利三世（1207－1272）執政期間，現在的內城牆與13棟塔樓同時動工興建。他的兒子愛德華一世（1239－1307）則增建了現在的外城牆。外城牆運用巨大的護城河圍繞，這座護城河亦兼具隔開泰晤士河的作用。不只如此，愛德華一世還在主護城河遠離河川的地點，建設擁有獨立可動橋與護城河的甕城（barbican，突出於城門前的防禦設施）。廣義的「倫敦塔」便是指這整座城堡。隨著各項建築的出現，「倫敦塔」遂發展成以「白塔」為中心，擁有多層同心圓城牆的城堡。

倫敦塔的平面圖（現在）

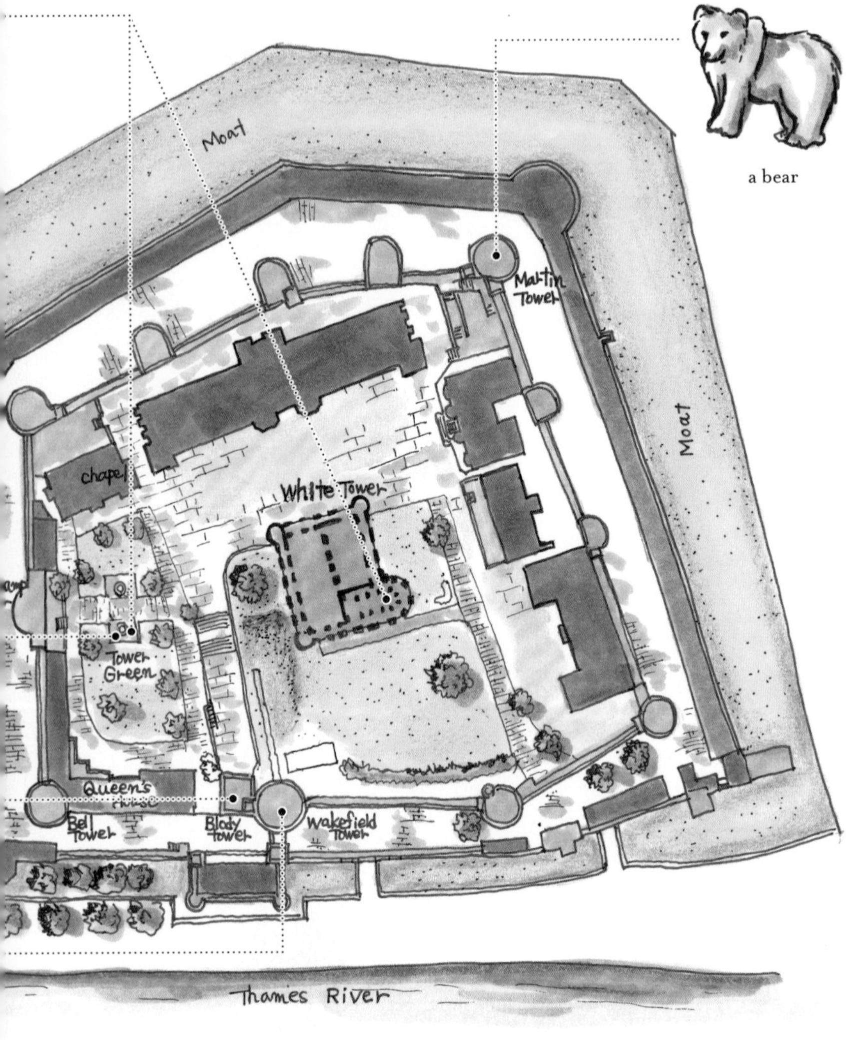

a bear

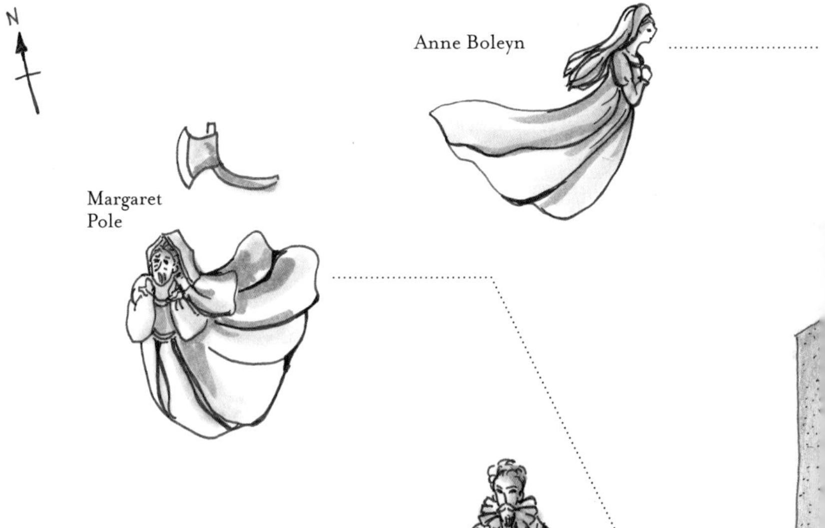

在白塔的皇家禮拜堂，走在隊伍最前方的安妮・博林的鬼魂。跟在後頭的應該是她的侍女們。

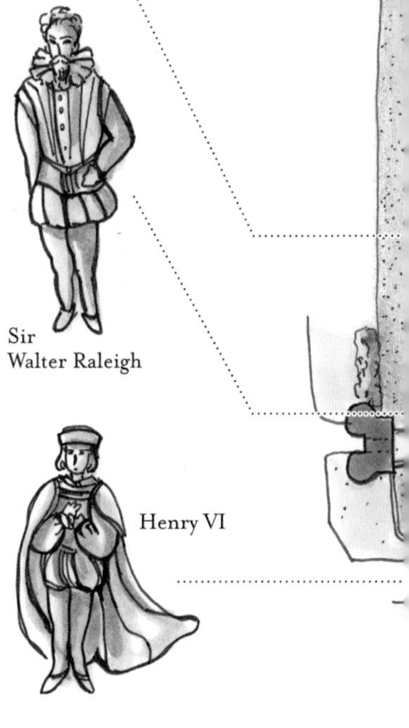

SPECIAL CASE 1

拉德洛城堡
LUDLOW CASTLE

拉德洛城堡現今外觀

位於英格蘭西部，地處威爾斯邊界的拉德洛城堡，現在已變成廢墟，但過去是威爾斯的政治中心，同時也是威爾斯親王（Prince of Wales），亦即王太子的住所。相傳這座城堡裡有位名叫瑪莉安·布魯艾（Marion de la Bruyere）的女鬼出沒。她在12世紀時愛上敵軍的騎士，屢屢從塔樓拋下繩索將情人帶進城堡內幽會。某天，她的情人直接利用這條繩索引兵入城，拉德洛城堡因而被敵軍攻占。察覺自己被情人利用，遭到無情背叛的瑪莉安遂以情人的佩劍劃破他的喉嚨，自己則從塔樓縱身一躍，自殺身亡。據悉至今仍能在城堡內聽到瑪莉安的尖叫聲，有時她還會化成一道白影現身。

年僅12歲便繼位登基為國王，但遭到叔父（理查三世）篡奪王位，而與弟弟一同被關進倫敦塔，最後下落不明的愛德華五世，直到即位前都住在這座城堡裡，據聞在名為「王子塔」的建築物內部，可以看到2位年幼王子的鬼魂四處玩耍的身影。不過，有關2位王子的幽靈傳說則是以位於倫敦塔內，兩人遭到軟禁的血腥塔較為有名。

Hampton Court Palace

The Haunted Castle Case 4

愛恨情仇道不盡的漢普頓宮

除了以鋸齒狀雉堞（垛牆）遮住平緩的頂部，營造出平屋頂風格之外，整體建築以3部分構成，在西側立面稍微讓中央與兩端往前突出的手法，令人聯想到羅浮宮等法式宮殿。

經由克里斯多夫・雷恩（Christopher Wren，1632–1723。確立英國古典主義建築風格的建築大師）改造後，新宮殿也呈現出環繞著「噴泉中庭（Fountain Court）」的口字型結構。外觀設計則以紅磚為主體，用色比照都鐸王朝時代的宮殿風格。

漢普頓宮現今外觀

漢普頓宮其實原本並非宮殿。1514年，當時的大主教湯瑪斯·沃爾西（Thomas Wolsey，1475–1530）樞機主教，向宗教騎士團借來這塊位於田園地帶的土地和建築物，砸下大筆資金並耗費數年，將其改建為義大利文藝復興風格的壯麗宅邸。

日後被交辦處理亨利八世與第1任王后卡塔莉娜的離婚手續，最後卻以失敗告終的沃爾西為了博取君王歡心，於1529年獻出這座豪宅與庭園，漢普頓宮自此成為皇家宮殿。

儼然是財富與權力象徵的這座宮殿，則成為以亨利八世為中心的殘酷舞台，上演愛恨交織的恩怨情仇。

本書在Case1~3中一再提到，亨利八世不斷離婚和喪妻，總共娶了6名王后。這些女性的下場大多都很淒涼。

因為亨利八世急於立第2任妻子安妮·博林為后，第1任王后卡塔莉娜遂遭到軟禁，接著被宣判婚姻無效，失去王后地位，最後在幽禁生活中不幸病歿。安妮·博林在婚後3年則被冠上莫須有的不貞罪名遭到問斬。緊接著沒多久，安妮的侍女珍．西摩成為第3任王后，但才過了短短一年，誕下王子12天後便死於產褥熱。亨利八世的第4任妻子是從德國的克里維斯公國遠嫁而來的克里維斯的安妮[※1]，但亨利八世似乎對她不感興趣。兩人從未圓房，亨利八世便以此為由，半年後火速離婚。

由於珍．西摩走得太突然，只有她沒有因為亨利八世移情別戀而被趕下王后寶座。不過亨利八世與克里維斯的安妮之所以走上離異一途，背後似乎還是跟小三有關。亨利八世從離婚前便開始對後來成為其第5任妻子的侍女凱薩琳．霍華德[※2]展開追求。如同安妮．博林為卡塔莉娜的侍女、珍．西摩為安妮．博林的侍女般，凱薩琳．霍華德已是亨利八世任內第3位從侍女躍升王后的女性。她當時才10幾歲，而且竟然是安妮．博林的表妹，或許這個家族的長相正好符合亨利八世的喜好也說不定。

亨利八世與克里維斯的安妮於1540年7月離婚，隨即在該月與凱薩琳．霍華德完婚。不知該說是必然嗎，這段婚姻果然也不長久。凱薩琳與表姊安妮．博林以同樣的方式成為王后，但跟安妮比起來，她的行事似乎不夠

※1
Anne of Cleves
1515－1557。英國君王亨利八世的第4任妻子

※2
1522左右－1542。英國君王亨利八世的第5任妻子

穩重。凱薩琳被亨利八世抓到她與其他男性暗通款曲，當上王后僅19個月，便與情夫雙雙在倫敦塔被處刑，相傳甚至未進行審判。

亨利八世的第5任妻子就這樣香消玉殞，接著成為王后的則是名為凱薩琳．帕爾[※3]的女性。她在亨利八世遠征法國期間負責代理國政等事務，為年老的君王與國家盡心盡力。她在亨利八世過世後，改嫁給第3任王后珍．西摩的哥哥湯瑪斯．西摩（Thomas Seymour）。時至今日，尚未聽過有關凱薩琳．帕爾的鬼魂在英國國內被目擊的消息，在亨利八世的王后中，她應該是相當罕見的個案，得以沒有遺憾地離開人世。除了凱薩琳．帕爾與和平協議離婚的克里維斯的安妮之外，其餘4名王后全都化作幽靈，在生前生活過的地方出沒。

承載了無數愛恨糾葛的漢普頓宮，據悉亦成為亨利八世的3位妻子——安妮．博林、珍．西摩與凱薩琳．霍華德死後出沒的場所。

據傳安妮．博林的幽靈會在英國各個與其生前有所淵源的地方現身，在漢普頓宮也曾被人目擊到她身穿藍色連衣裙的身影。她在倫敦塔有時會以無

※3
Catherine Parr
1512－1548。英國君王亨利八世的第6任，也是最後一位妻子

頭的模樣出現，在這裡現身時則是姿態優雅，盡顯王后風采。

接替安妮．博林成為王后僅短短一年便撒手人寰的珍．西摩，是亨利八世唯一誕下男孩的妻子。相傳亨利八世下令為其舉行了多達1200次的安魂彌撒，但不知該不該說是枉然，她依舊成為幽靈出現於漢普頓宮。除了被民眾撞見她身穿白衣、手拿蠟燭走在銀杖樓梯（Silver Stick Stair）的情景，就連時鐘中庭（Clock Court）也有關於她的目擊情報。

然而，出沒於漢普頓宮的幽靈中，最有名的應屬亨利八世的第5任王后凱薩琳．霍華德。與她同樣被冠上通姦罪名而遭到處刑的安妮．博林，據信為含冤而死，但凱薩琳．霍華德實際上是真的外遇，而且還有她寫給情夫的書信作為佐證。她明明不可能不知道安妮．博林是如何慘死的，只能說她有夠粗心大意。凱薩琳的情夫及舊情人都被揭發，一同被送往倫敦塔。據傳她的情夫為亨利八世的近臣，儘管婚內出軌這件事沒有辯解的餘地，但連結婚前有情人這件事都被拿來興師問罪，以現代的觀念來看著實荒謬不合理（也有一說指稱她與亨利八世結婚後，才和舊情人重燃愛火）。相傳在凱薩琳過往的情史被攤在陽光下後，當時的議會制定了一條法律：品行不良的女子與國王結婚視同叛國罪，目的就是針對她進行制裁。基於此法，凱薩琳也遭到處刑。

因通姦罪而成為罪人，被囚禁於漢普頓宮內的凱薩琳，某天逃過衛兵的看守，來到禮拜堂門前，她對著參與彌撒誠心祈禱的君王請求饒命，但立刻遭衛兵抓走，一路被拖行於迴廊上而不斷哭喊。相傳亨利八世對她的喊叫聲甚至沒半點反應。

儘管狼狽不堪，凱薩琳也想向安妮．博林看齊，在最後一刻拿出王后的風範。相傳她在處刑前一晚，為了保持氣度與威嚴赴死，還將腦袋放上斷頭台預演練習。從安妮的情況便可得知，即使生前被批評為惡女，一旦遭處刑就會獲得人民的同情，形象也跟著洗白。

雖說凱薩琳拿出身為王后的氣魄接受了被處死的命運，但內心肯定充滿了怨恨，並對世間感到眷戀不捨。據說至今在漢普頓宮，有時仍可聽到凱薩琳的叫喊聲，以及敲打禮拜堂的門扉祈求君王大發慈悲的聲響。不只如此，她還被目擊到身穿白色連衣裙，披頭散髮不斷地發出尖叫聲，在通往禮拜堂的迴廊上奔跑的模樣。她所現身的這座迴廊也因而被稱為鬧鬼藝廊（Haunted Gallery）。

1999年還發生了這樣的事件：2名女性觀光客在迴廊聽到凱薩琳的喊叫聲後，突然昏倒。據悉兩人並非同團遊客，卻在同一個地方失去意識。凱薩琳離世已經過如此長久的歲月，竟然還會對人造成影響，只能說其怨念應該不是普通的強。

除了亨利八世的3位王后外，還有其他幽靈會出現在漢普頓宮。儘管現身的頻率不如妻子們頻繁，亨利八世的鬼魂也曾被民眾目擊。將漢普頓宮進獻給亨利八世的前主人，亦即為這棟建築打下宮殿基礎的湯瑪斯・沃爾西，據聞也曾在1966年於這座歷史建築舉辦搭配燈光與音效聊歷史的活動中悄然現身。

身為約克大主教的沃爾西素來以浪費成性聞名，他所打造的漢普頓宮亦極盡奢華之能事，在當時被譽為英國第一，因而蔚為話題。然而，由於沃爾西遲遲未能處理好亨利八世與第1任王后卡塔莉娜的離婚事宜，感到焦急不耐煩的安妮．博林遂將他告上法庭，導致其身分遭到剝奪，財產全部被沒收（他在退任後依叛國罪名遭到逮捕，但於押送途中身亡，因而未被處刑）。雖說他是「自願」將這座宅邸進獻給君王，但從他死後依舊在這裡現身可知，或許他仍執著於代表自身昔日富貴與權勢的漢普頓宮也說不定。

出沒於漢普頓宮的幽靈中，亦不乏來路不明者，不過身分明確可辨者，幾乎都與亨利八世脫離不了關係，著實令人玩味。這不啻意味著在其執政時期，有相當多的人喪命犧牲。

當然，其中也有例外。名氣僅次於凱薩琳．霍華德，被稱之為灰衣女士（Grey Lady）的幽靈便屬於此例。俗稱灰衣女士的幽靈其實存在於英國全國各地，而在漢普頓宮出沒的灰衣女士則是指愛德華六世[※4]的奶媽西碧爾．潘恩（Sybil Penn）夫人。她因為罹患天花而過世（相傳是在照顧伊莉莎白一世時被傳染的），被厚葬於宮殿的教堂腹地內，1821年隨著教堂老朽被拆除，她的墳墓也被遷移至他處，自此才開始幻化為幽靈出沒。首起目擊紀錄則始於1829年，後續亦接獲許多有關潘恩夫人的報告。諸如宮殿內的員工宿舍

※4 1537－1553（在位1547－1553）。英國都鐸王朝君王

（Grace and Favor House）傳出紡車與潘恩夫人的聲音、入住者半夜醒來發現潘恩夫人從床的上方看著自己，還有人看見她戴著帽子走在通往網球場的路等等。人們察覺到潘恩夫人與紡車的聲音是從員工宿舍西南側的大房間傳出，著手進行調查後發現，房間牆壁的後方竟然有一間密室，並在這裡找到了老舊的紡車。直到21世紀的現在，仍然經常有觀光客目擊到疑似潘恩夫人的身影（曾有遊客用iPhone拍到其模樣，雖然不知真偽，但這張照片仍在網路上流傳）。

漢普頓宮亦有許多身分不詳的幽靈被民眾所目擊。1907年，負責宮殿夜間安全維護的警衛親眼看到身穿晚禮服的數名男女走過庭園後消失無蹤的景象，還有位於宮殿後方的人工湖再三地發生兒童溺水事故。1887年有一名3歲男童、1927年則有一名女童溺水。經過40年後，一名4歲男童也差點出事，幸好遇到路人搭救，他在獲救後表示「因為想跟其他小朋友玩」才進到湖裡。

漢普頓宮的導覽解說員表示，夜晚特別容易發生靈異現象，例如明明四下無人，門卻自動關上，或是莫名感受到一股視線等等，都是很常發生的情況。2003年10月還傳出監視器拍到疑似幽靈的消息。漢普頓宮是英國知名的觀光景點，觀光客所分享的撞鬼經驗也時有所聞，想跟幽靈來個不期而遇的人，不妨親自走一趟看看。

身穿白色連衣裙，披頭散髮地跑過鬧鬼藝廊的凱薩琳・霍華德。

DATA

漢普頓宮小檔案

Hampton Court Palace

這座宮殿原本是16世紀初葉由樞機主教湯瑪斯．沃爾西所建造的都鐸王朝樣式城堡（1514-1529）。此時是以口字型結構的主棟為中心，興建了多座附屬棟。十分喜歡這座城堡的亨利八世成為新主人後，與歷任6名王后都曾在這裡生活過。亨利八世還著手進行擴建（1529-1540左右）工程，在立面的斜前方增建備有角塔的突出部，提高從正面觀看時的左右對稱性，並增設能夠容納800多名宮廷人員的大廚房（The Great Kitchen），以及足以媲美大禮堂（The Great Hall）的超大空間。1603

年斯圖亞特王朝首任君王詹姆斯一世即位為英國國王不久後，便在這裡上演莎士比亞戲劇《哈姆雷特》與《馬克白》。

1689年，瑪麗二世與威廉三世於光榮革命後登基，當時英格蘭建築界的第一把交椅克里斯多夫．雷恩遂被交付設計新宮殿的重責大任。當初原先計畫將都鐸王朝時代的宮殿完全拆除，從頭興建，但後來採用了折衷方案，保留原本的宮殿，並於東側擴建新宮殿（1689-1714）。

雷恩亦大幅改造原本的皇家禮拜堂。在漢諾威王朝時代初期，喬治二世則大力推動與宮殿內部裝潢相關的建設工程。1734年受到王后卡洛琳（Caroline）重用的建築師威廉．肯特（William Kent）則增設了新古典主義風格的「王后階梯（Queen's Stairs）」。漢普頓宮直到1737年為止皆被當成王宮使用，後來則成了寵臣們聚集的場所。

漢普頓宮的平面圖（現在）

Catherine
Howard
Haunted Gallery
Chapel
t Hall
OCK
URT
Jane Seymour

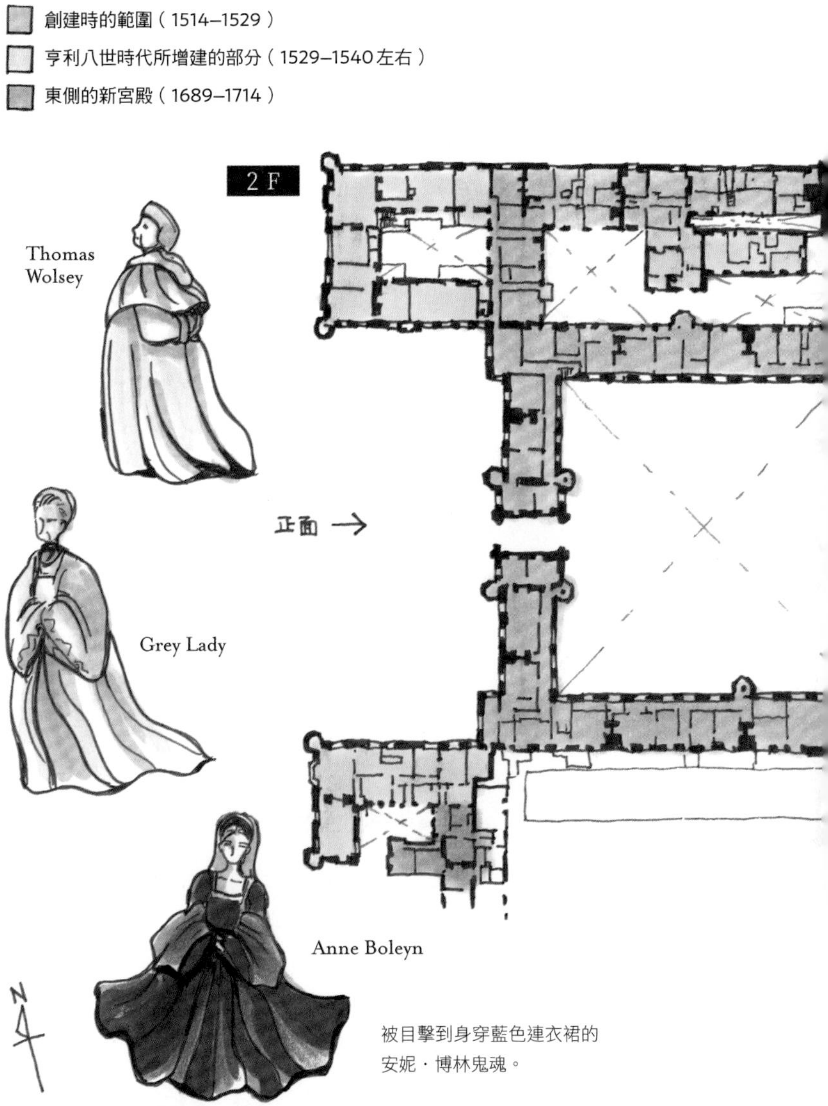

被目擊到身穿藍色連衣裙的
安妮・博林鬼魂。

The HAUNTED CASTLE Case 5

OLD PALACE (HATFIELD HOUSE)

女王的少女時代與哈特菲爾德莊園

1603年伊莉莎白一世駕崩，進入斯圖亞特王朝時代後的1607年5月，詹姆斯一世（在位1603–1625）與第1代索爾茲伯里伯爵羅伯特・塞西爾（Robert Cecil）交換土地，哈特菲爾德莊園因而再度回歸伯爵手中。當時規劃在舊宮殿的東南側新建鄉村別墅，並於1611年竣工。隨著這項工程的進行，舊宮殿除了被當成馬廄使用的西翼棟外，全數遭到拆除。

舊宮殿現今外觀

若說伊莉莎白一世[※1]是歷任英國君王中，名氣最響亮、政績最亮眼的統治者，其實一點都不為過。她在25歲時接替英國首位女王，亦即姊姊瑪麗一世[※2]即位後廣施德政，帶領百年戰爭後國力衰退、淪為邊陲一座小島國的英國重振雄風，成為令歐洲各國刮目相看的泱泱大國，因而備受人民愛戴。

伊莉莎白一世制定了《統一法》，順利解決英國國內長年以來的宗教問題（新教與天主教的對立）。她亦著手整頓海軍，擊敗了當時被喻為無敵的西班牙艦隊，大獲全勝。此外，她還促進產業發展，為英國締造黃金時代。在伊莉莎白一世執政期間，英國的文學與藝術也隨之開花結果，培養出威廉·莎士比亞（William Shakespeare）等千古留名的傑出人才。種種政績在在說明了榮光女王的稱呼絕非浪得虛名。廣受人民尊崇，在位44年來大權在握，君臨天下的伊莉莎白一世，總令人覺得當她離開人世時應該了無遺憾。然而，這裡畢竟是幽靈大國——英格蘭。名人多半會化作幽靈出現在與自己有所淵源的地方而被目擊到，伊莉莎白一世也不例外。本書在Case 1中亦曾提及，她最有名的靈異現象就是會現身於溫莎城堡的圖書館，不過，據悉她的鬼魂

※1 1533-1603（在位1558-1603）。英國都鐸王朝女王

※2 1516-1558（在位1553-1558）。英國都鐸王朝女王

還會出現在另一個地方，那就是在她即位為女王前，度過長久歲月的哈特菲爾德莊園。

哈特菲爾德莊園位於倫敦郊外的赫特福德郡（Hertfordshire）。這裡原本是高階神職人員約翰．莫頓（John Morton）樞機主教的宅邸，但在伊莉莎白一世的父親亨利八世推動宗教改革時，成為王室所有（實際上是被充公）。之後由新主人索爾茲伯里伯爵羅伯特．塞西爾著手重建，並於17世紀初期呈現出如今的風貌，塞西爾家族宗主至今仍住在這裡。除了屋主所居住的區域之外，豪華宅邸的內部空間皆開放參觀。

據聞這座建築物從前也被當作政界的沙龍使用，擁有寬敞到足以舉辦舞會的大廳、裝飾著英國君王肖像畫的接待廳、藏書高達1萬冊的圖書室、禮拜堂等等，這裡也經常被選為電影或電視劇的外景地（例如《蝙蝠俠》、凱特．布蘭琪領銜主演的電影《伊莉莎白》）。

莊園的腹地內主要有2幢建築，規模較小者年代更為久遠，被稱為舊宮殿。這裡原本是建於1497年，亦即15世紀末落成之建築物的一部分，亨利八世的3個孩子皆在此度過童年時代。由於這裡原本為神職人員的宅邸，與豪奢的主宅相比，各方面都顯得很簡樸。據悉伊莉莎白一世的鬼魂會於此處現身。

伊莉莎白一世在3個月大時便被送往哈特菲爾德莊園，直到確定繼位之前，在這裡度過了長久的歲月（也曾經歷過被拘禁在倫敦塔而離開這裡的時期）。

在即位為女王前，伊莉莎白的人生絕對稱不上順遂。她的母親，亦即亨利八世的第2任王后安妮．博林，在她2歲時被處死。亨利八世與安妮的婚姻則趕在她被處刑前宣判無效，伊莉莎白因而被剝奪了公主的身分，降為庶女。年幼的伊莉莎白想必還懵懵懂懂，不明其義吧。在這之後，她便全哈特菲爾德莊園生活，接受身為「女爵」而非「公主」的教育。

根據當時教育指導員所寫的書信等物來判斷，伊莉莎白在學習方面的表現似乎相當優秀。她在哈特菲爾德莊園習得的宮廷禮儀、各國語言、與歷史和國際情勢相關的知識，成為日後伴其度過跌宕起伏人生的一大助力。

如同先前所述，亨利八世處死安妮．博林後，又接連與多名女性再婚，反覆歷經喪妻與離婚的過程，在這段期間，伊莉莎白並未出現在歷史的舞台上。接著在她9歲時，亨利八世迎娶了第6任妻子凱薩琳．帕爾。這樁婚事也為伊莉莎白帶來重大轉機。

思慮縝密、為人和善親切的凱薩琳．帕爾不但善待繼子女們，還為他們個別安排合適且優秀的家教老師，她還說服亨利八世，恢復瑪麗與伊莉莎白的王位繼承權。據悉在懂事前便已失去母親的伊莉莎白，將凱薩琳．帕爾當成親生母親般敬愛。她寫給凱薩琳．帕爾一封封文情並茂的書信，以及親手製作的禮物皆留存至今。

在亨利八世死後，伊莉莎白曾被凱薩琳接去照顧一段時間，不過凱薩琳出於避免將繼女捲入政爭的考量，再加上伊莉莎白自身的判斷，最終她還是悄悄回到哈特菲爾德莊園，致力鑽研學問長達好幾年的時間。

伊莉莎白的弟弟愛德華六世在9歲時接替父親即位，年僅15歲便駕崩，姊姊瑪麗隨即登基為女王瑪麗一世。瑪麗是亨利八世第1任妻子卡塔莉娜的女兒，而伊莉莎白則是趕走卡塔莉娜成為王后的安妮．博林之女。瑪麗因為安妮・博林上位而被降為庶女，少女時期過得十分艱辛，所以她對伊莉莎白並沒有好感。在瑪麗即位後，伊莉莎白實質上成了籠中鳥，不得離開哈特菲爾德莊園，不過這裡畢竟是她從小住到大的地方，這樣的生活對她來說一點也不以為苦。雖說當時的情況與軟禁無異，但相傳伊莉莎白在哈特菲爾德莊園裡學習了各種事物，還能欣賞歌曲與戲劇等表演。

即位當時在國民之間享有高人氣的瑪麗一世，與神聖羅馬帝國皇帝查理五世（Karl V）之子費利佩（Felipe，日後的西班牙國王費利佩二世）結婚之後，人氣便直線下滑，英國國內還因此爆發叛亂。儘管成功鎮壓了反叛份子，但此時期（1554年2月）暫居於赫特福德郡阿什里奇（Ashridge）宅邸的伊莉莎白卻被懷疑暗中參與叛變、圖謀不軌，因而被抓去審問，3月時被送往傳說中幾乎無人能活著走出來的倫敦塔。幸好，沒有任何證據可以證明伊莉莎白的罪嫌，再加上她的支持者四處奔走，讓伊莉莎白得以在5月離開倫敦塔。伊莉莎白在這之後被幽禁於伍德斯托克（Woodstock）宅邸並受到監視，10個月後才獲釋，重返哈特菲爾德莊園。

1558年11月17日瑪麗一世駕崩，人在哈特菲爾德莊園的伊莉莎白這才接獲自己即將繼位的消息。當時伊莉莎白在庭院（距離建築物有一大段距離）的櫟樹下讀著希臘文的《新約聖經》，突然被告知姊姊瑪麗一世已經離世的消息，以及自己被舉薦為新任君王一事。相傳那是個晴空萬里、陽光和煦，相當暖和的日子。伊莉莎白時年25歲。

伊莉莎白與樞密院委員們首度見面的評議會，便是在哈特菲爾德莊園的主要大廳（Great Hall）舉行。之後她便成為女王入主倫敦。哈特菲爾德莊園是伊莉莎白當上女王前長期生活，宛如其少女時期象徵般的場所，同時對她來說，這裡也是她晉升為女王後邁出第一步的地方。

伊莉莎白的鬼魂除了被人目擊到出現在哈特菲爾德莊園的舊宮殿入口通道，並於教堂庭院消失外，據悉還有民眾看見她正在讀書、坐在書桌前的模樣，以及捕捉到她在主要大廳的身影。1951年亦傳出有人在主宅的長畫廊（The Long Gallery）目擊到伊莉莎白的消息，關於這件事，由於她生前從未住過主宅，以及這是在她死後才落成的建築，因而讓人存疑。

舊宮殿除了伊莉莎白以外，也有其他的幽靈傳說。諸如有人曾聽到屋內傳來下樓梯的腳步聲，並看見謎樣的腳印；還有民眾目擊到一輛四輪的幽靈馬車穿過車道，進入正面玄關後消失無蹤的景象（也有人指稱看見這輛幽靈馬車直接駛上樓梯）。關於腳印和腳步聲，相傳是來自第一位入住這棟宅邸，卻在1835年因打翻蠟燭而被燒死的侯爵夫人，四輪馬車據說也是這位侯爵夫人往來倫敦與住處所搭乘的交通工具。據聞亦有人目擊到戴著面紗的女性幽靈，不知是否就是這位侯爵夫人。

至於伊莉莎白一世的鬼魂是從何時開始出現於哈特菲爾德莊園則沒有定論。自從有人在這裡目睹到其他幽靈後，大家便很自然地聯想到「那麼在這裡度過少女時期的伊莉莎白一世照理說應該也會出現」，才導致有愈來愈多人「察覺」到其鬼魂的存在也說不定。

還有一說指稱，出現在哈特菲爾德莊園的伊莉莎白一世鬼魂，是以即位為女王前的少女樣貌現身。第一次聽到這個說法時，我覺得很不可思議。假如她是在少女時期便離開人世，這樣的確說得過去。但是身為榮光女王，君臨英國長達44年的伊莉莎白一世，為何會以少女之姿現身呢？這不由得令我想到日本的一則古典笑話：有一名男子展示著一顆來路不明的頭骨，並堅稱這是源賴朝將軍的骷髏頭，這時圍觀的人前來踢館，表示這顆頭骨小到不像是成年男性的尺寸，於是男子反駁道「這是賴朝將軍小時候的頭顱」。話說回來，我甚至覺得榮光女王應該死而無憾，不至於化為幽靈逗留人間。

然而閱覽各類文獻，逐漸了解對英國人而言，幽靈或鬼魂屬於什麼樣的存在後，好像便能理解為什麼會出現這樣的傳言。英國民眾對伊莉莎白一世敬愛有加，盼望能在她度過少女時期的地方感受到她的存在，並希望她就在這裡。

出現在哈特菲爾德莊園的伊莉莎白幽魂，其實就是她深受人民喜愛的證明。而且，若伊莉莎白真以少女之姿現身的話，或許是因為儘管哈特菲爾德莊園曾是她成為「女王」前的牢籠，卻也是讓她能夠做自己並平靜度日，留下許多回憶的地方。

DATA

哈特菲爾德莊園小檔案

Old Palace (Hatfield House)

哈特菲爾德莊園原本就建有亨利八世（在位1509-1547）的「舊宮殿」，他的3個孩子，愛德華（後來的愛德華六世，在位1547-1553）、瑪麗（後來的瑪麗一世，在位1553-1558）、伊莉莎白（後來的伊莉莎白一世，在位1558-1603）都是在這裡長大的。相傳舊宮殿為環繞著中庭的口字型結構。

建於1611年的新館是由石匠大師羅伯特・萊明格（Robert Lyminge）負責設計的，不過據信王室建築總監西蒙・巴茲爾（Simon Basil），以及伊尼戈・瓊斯（Inigo Jones）亦參與了設計。以紅磚為主體（可見到英式與法式2種砌磚工法），搭配白色石塊所構成的隅石作為點綴的新館，儘管未使用柱式設計，但裝設於各樓層的水平裝飾性構造物與大窗，皆為義大利以外的早期文藝復興建築之特色，在英國亦稱為詹姆斯一世 樣式（Jacobean）。

新館的平面結構看起來既像法式住宅建築的コ字型設計，也像常見於伊莉莎白一世執政時期的E字型結構的變形。另一方面，中央設有通道（Screen Passage）及正面右手邊配置大理石廳（Marble Hall）的設計，則依循了中世紀以來英國莊園宅邸的傳統。

哈特菲爾德莊園的平面圖

配置圖

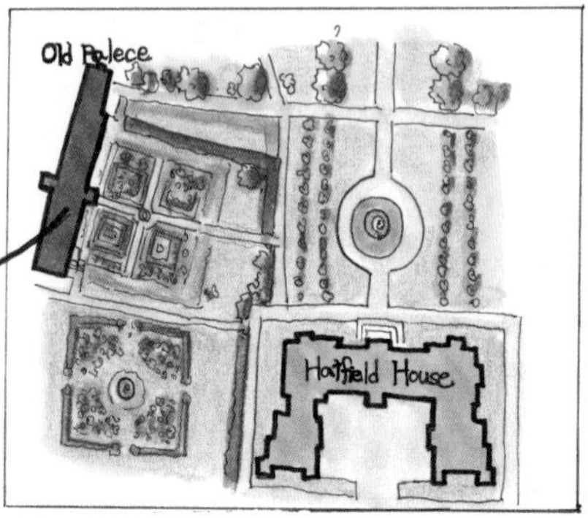

在新館興建的17世紀初葉，義大利業已進入巴洛克建築時代。詹姆斯一世樣式雖然屬於早期文藝復興風格，亦導入了義大利後期文藝復興（矯飾主義，Mannerism）的元素。新館大理石廳的天頂畫、壁面裝飾，以及主樓梯的扶手裝飾皆可見到矯飾主義的特色。

Horse-drawn Vehicle

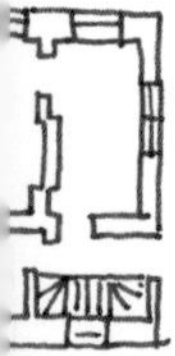

1F

少女時期在櫟樹下閱讀《新約聖經》的伊莉莎白。

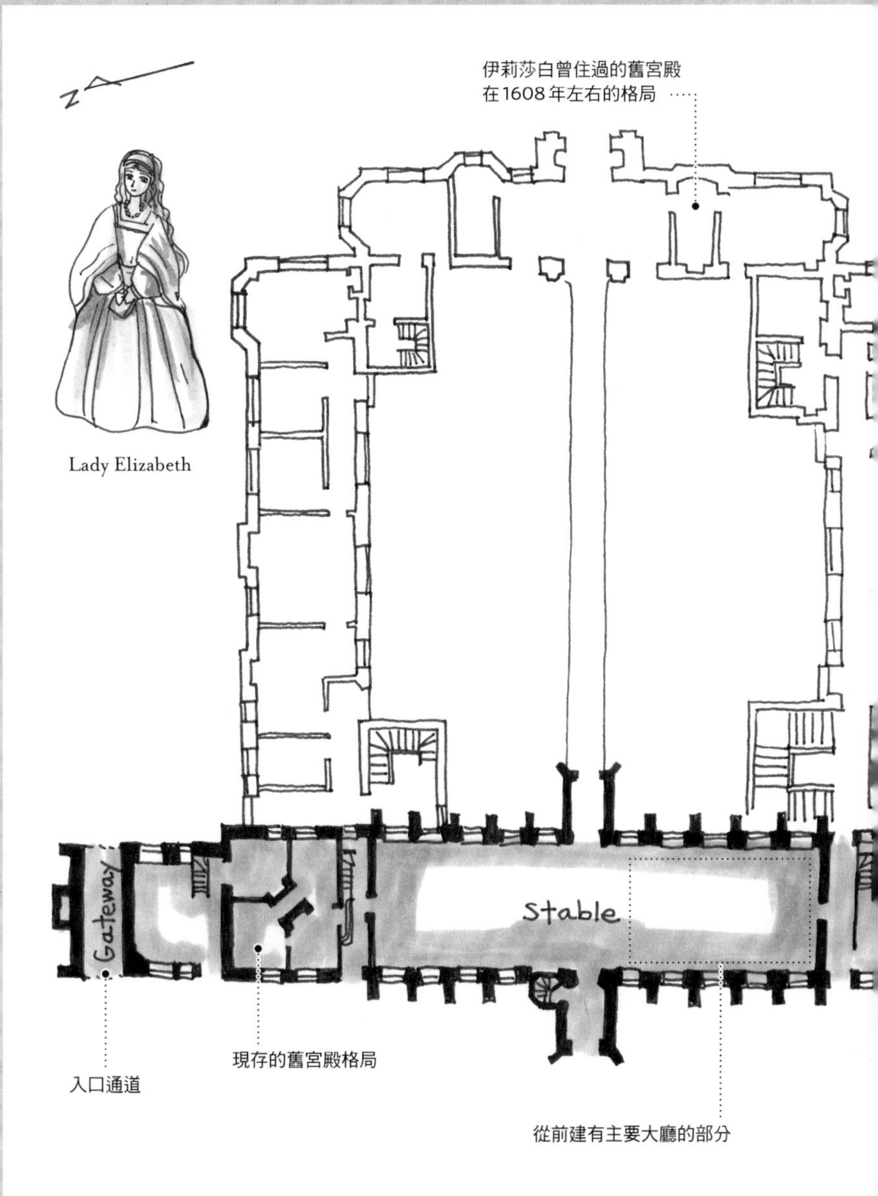
N
伊莉莎白曾住過的舊宮殿
在1608年左右的格局
Lady Elizabeth
Gateway
Stable
入口通道
現存的舊宮殿格局
從前建有主要大廳的部分

SPECIAL CASE 2

巴摩拉城堡
BALMORAL CASTLE

巴摩拉城堡位於蘇格蘭東北方的亞伯丁郡（Aberdeenshire），自1848年由維多利亞女王※購入之後，便成為英國王室在蘇格蘭的私邸，並被當作夏日的避暑度假別墅使用。相傳這裡住著維多利亞女王的心頭好——約翰·布朗（John Brown）

巴摩拉城堡現今外觀

的幽靈。

約翰・布朗原本是巴摩拉城堡裡的馬伕，在女王的丈夫阿爾伯特親王（Prince Albert）過世後，一躍成為女王的親信，備受厚待。維多利亞女王在布朗死後，甚至命人繪製他的肖像畫與製作雕像，布朗在女王心目中的地位可見一斑（後來被維多利亞的兒子愛德華七世下令銷毀）。

想當然耳，猜測布朗是女王的祕密情人、兩人已經祕密結婚之類的流言也跟著滿天飛。還有人認為布朗是召喚阿爾伯特親王亡靈的靈媒，但沒有證據可以證實此說法。不過，相傳女王在留給醫師的遺囑中，要求其將布朗的照片與頭髮放入自身的棺木內，而醫師也如實照辦。

據悉布朗的鬼魂會穿著蘇格蘭的民族服飾「蘇格蘭短裙（kilt）」，在庭園與城堡內信手漫步。英國歷史上在位時間最長的君王，廣受人民愛戴的伊莉莎白二世，於2022年9月8日在這座城堡與世長辭，據聞她也曾在城堡的走廊看見布朗的身影，並在城堡內的各個地方感受到他的氣息。

※ Queen Victoria，1819－1901（在位1837－1901）。英國漢諾威王朝女王

STIRLING CASTLE

The HAUNTED CASTLE Case 6

蘇格蘭女王瑪麗，凡走過必留下痕跡

史特靈城堡在1790年代被當作兵營使用，1881年至1964年則成為阿蓋爾暨薩瑟蘭高地軍團（Argyll and Sutherland Highlanders）的營地。這座城堡的內外觀從這個時期開始有了大幅改變，並在1999年前復原了大廳以懸臂托梁（hammer beam，能讓空間顯得更寬闊的木衍架）方式打造的屋架，以及突堞（城牆上方的堞口）風格的裝飾等等，逐漸以歷史建築之姿重現於世人眼前。

自古以來，史特靈城堡即為蘇格蘭對英格蘭的防衛要衝，至於建於何時雖然沒有定論，不過最早提到這座城堡的史料上記載著1107年至1115年，蘇格蘭國王亞歷山大一世（Alexander I，1078–1124）授權在此興建禮拜堂。在這之後，由於蘇格蘭經常與英格蘭爆發衝突，這座城堡也頻頻易主。

史特靈城堡現今外觀

前面幾個單元提到，舉凡與安妮．博林生前有關的場所，幾乎皆傳出目擊到其鬼魂的消息。不過關於這一點，蘇格蘭女王瑪麗．斯圖亞特[※1]也絲毫不遜色。

由於父親蘇格蘭國王詹姆斯五世[※2]年紀輕輕就病逝，瑪麗出生未滿一週便成為女王，5歲時與法國國王的嫡子訂婚後遠渡法國。15歲成為太子妃，隨著太子登基而成為法國王后，之後在17歲時喪夫，18歲則返回蘇格蘭。23歲時與表弟達恩利勳爵（Lord Darnley）亨利．斯圖亞特[※3]再婚，但夫婿遭到不明人士暗殺後，瑪麗被懷疑涉嫌重大而失去民心，引起民眾反叛，只得在蘇格蘭各地竄逃，最終流亡英格蘭。後來在伊莉莎白一世的命令下，輾轉於英國鄉村的城堡生活長達18年，最後因暗中參與謀殺女王的罪嫌而在北安普頓郡（Northamptonshire）的法瑟林蓋城堡（Fotheringhay）被處刑。瑪麗度過波瀾起伏的一生，而她的鬼魂則在當初被關押的英格蘭幾座城堡，以及祖國蘇格蘭各地被目擊。

坐落於蘇格蘭古都，建於高地而能俯瞰史特靈市鎮的史特靈城堡，在瑪

※1
Mary Stuart
1542－1587（在位1542－1567）。蘇格蘭女王

※2
James V
1512－1542（在位1513－1542）。蘇格蘭國王

※3
Henry Stuart
1545－1567。蘇格蘭女王瑪麗．斯圖亞特的第2任丈夫

麗出生後沒多久便成為助其躲避英格蘭追兵的避難處，也是她舉行加冕儀式的場所（瑪麗當時2歲）。瑪麗的兒子詹姆斯六世[※4]在此受洗、成長，她在生前亦頻繁造訪。出沒於這座城堡的幽靈有著五顏六色的名稱，諸如粉紅女士、綠衣女士、白衣女士、藍衣女士、灰衣女士等等，其中粉紅女士與綠衣女士被認為與瑪麗·斯圖亞特有所關聯（英國與蘇格蘭存在許多以顏色來稱呼的幽靈。例如諾森伯蘭的班伯城堡（Bamburgh Castle）也有俗稱粉紅女士的鬼魂出沒，蘇格蘭的法維城堡（Fyvie Castle）則有綠衣女士出現。至於灰衣女士在全英國則是多到數不清的程度。魯辛城堡（Ruthin Castle）、卡里斯布魯克城堡（Carisbrooke Castle）、達德利城堡（Dudley Castle）、鮑德漢姆城堡（Powderham Castle）等地，也都有被稱為灰衣女士的幽靈，但與史特靈城堡同樣位於蘇格蘭的格拉姆斯城堡，出沒於該處的灰衣女士則特別有名）。坊間盛傳全身發出粉紅光芒的女性幽靈即為瑪麗，有民眾目擊到她身穿粉紅長袍，朝著附近荷里路德宮的小教堂走去，不過也有一說主張，這是1304年愛德華一世攻城後，一名女性倖存者的亡魂，她在此不斷尋找因戰爭死亡的丈夫下落，但真相不明。出沒於史特靈城堡的各色幽靈中，則以綠衣女士較為

※4
James VI
1566－1625。身為蘇格蘭國王的在位期間為1567－1625。作為英國斯圖亞特王朝君王詹姆斯一世的在位期間為1603－1625

有名。相傳綠衣女士是從前服侍瑪麗的侍女鬼魂。這名侍女擁有預知未來的能力，她感應到暫住於城堡中的瑪麗即將遭遇危險，不但提出警告，還自告奮勇徹夜不眠地看守，解救瑪麗逃過暗夜惡火，但自己卻因此身受重傷不治身亡。這名侍女連名字都沒人知道，因其當晚身穿綠色長袍而被稱為綠衣女士。與粉紅女士一樣，關於綠衣女士及其真實身分流傳著各種說法。有一說指稱她是城堡司令的女兒，與一名士兵談戀愛的消息被父親得知後，該名士兵遭到處刑，而她則從城堡跳樓身亡。

另一個據傳有瑪麗鬼魂出沒的知名地點則是博斯威克城堡（Borthwick Castle）。瑪麗在身為法國國王的第1任丈夫離世後，便返回蘇格蘭再婚嫁給表弟達恩利勳爵，但他卻遭到不明人士暗殺。喪夫才過了短短3個月，瑪麗便梅開三度與身陷殺害達恩利勳爵疑雲的博斯韋爾伯爵（4th Earl of Bothwell）詹姆斯．赫本[※5]結婚，她也因此被懷疑是共犯，失去民心的兩人繼而遭到叛軍追殺。瑪麗與博斯韋爾伯爵所居住的博斯威克城堡（位於愛丁堡南方）也被攻占，博斯韋爾伯爵流亡在外，瑪麗則被監禁於博斯威克城堡。發動叛變的貴

※5
James Hepburn
1535－1578。
蘇格蘭女王瑪麗．斯圖亞特的第3任丈夫

族們要求瑪麗將蘇格蘭國王的寶座讓給兒子詹姆斯，但瑪莉不從。她多次嘗試逃脫皆以失敗告終，最後在1567年假扮成童僕，成功從配置1000多名士兵看守的城堡逃走。據聞博斯威克城堡有美少年的幽靈出沒，一般認為這就是當年女扮男裝的瑪麗。

其他接獲的報告像是，博斯威克城堡內會傳出不知從何處發出的聲響、參觀的訪客會突然感到身體不適等各種怪異現象。城堡內特別有名的是，據說遭到詛咒的「紅色房間」，坊間流傳著為了鎮住在這個房間所發生的靈異現象，博斯威克城主還請來愛丁堡的神父進行驅魔。相傳一名年輕女僕在這個房間產下城主的私生子，對王位造成了威脅，母子因而雙雙遭到殺害。另一個故事則是，博斯威克家的宰相將盜取來的財寶藏在這個房間哩，並在事跡敗露後被活活燒死——據悉這座金庫至今仍留存於城堡的牆壁內。有許多民眾在這個房間內目擊到女僕與宰相的鬼魂。

有些城堡只不過是瑪麗生前曾短暫停留之處，不知為何也傳出與她有關的幽靈傳聞。比方說，在她流亡英格蘭之前曾經暫時寄居的克雷格內森城堡

（Craignethan Castle），相傳在她被處刑後，城堡內開始有無頭女鬼出沒。雖然不知道這些幽靈是否真的全都是瑪麗的化身，若一切屬實的話，連安妮．博林都要甘拜下風。

話說瑪麗女扮男裝逃出博斯威克城堡後，便潛逃至英格蘭，其後將近20年的歲月受制於伊莉莎白一世的命令，輾轉於英格蘭各地的城堡生活。儘管伊莉莎白一世允許瑪麗留在英格蘭，並提供住處與生活費，但相傳無論瑪麗如何要求，伊莉莎白一世就是不肯見她一面。伊莉莎白一世乍看之下似乎很冷漠，不過只要想想她當時的處境與瑪麗的所作所為，倒也不難理解。

由於瑪麗的祖母為英王亨利七世的長女，她也因此擁有英格蘭的王位繼承權。另一方面，伊莉莎白一世雖然登基成為女王，但因為亨利八世宣布與她的母親安妮．博林的婚姻無效，導致她有段期間被剝奪公主地位，降為庶女，所以英國國內有一派認為伊莉莎白一世不具有正式的王位繼承權。對這一派的人而言，瑪麗是取代伊莉莎白的女王人選。瑪麗流亡至英格蘭才短短一年，這一派人士就打算擁立她為女王，準備舉事謀反。瑪麗本身也主張自己是英格蘭的正統繼承人，簽署公文時皆以「英格蘭統治者」自居（令人驚訝的是，就連寫給伊莉莎白女王的書信也如此自稱）。若與瑪麗結婚的話，不僅是蘇格蘭，甚至還有可能得到英格蘭，因此瑪麗在被迫流亡後，仍然不斷收到來自各國王族的求婚。當時出於戰略上的考量，許多國家十分覬覦比鄰英格蘭的蘇格蘭，有鑑於這些內憂外患，伊莉莎白一世會對瑪麗存有戒心可謂理所當然的事。

瑪麗也因此輾轉於英國鄉村的城堡生活，而這些城堡大多傳出目擊到其鬼魂的消息。比方說塔特伯里城堡（Tutbury Castle），如今雖已不復存在（只剩遺址），但瑪麗在1569年至1570年，以及1585年至1586年這兩段期間，曾經被幽禁於此。有民眾在這座城堡目擊到一臉憂愁地在瞭望塔四周飛翔，俗稱白衣女士的幽靈，有人主張她就是瑪麗。然而也有一說指稱，這名幽靈是這座城堡以前的女主人，因為情人過世感到傷心不已，便追隨他而去。

這樣一路看下來，不禁令人覺得「希望瑪麗的鬼魂能出現在她生前待過的地方」的這種想法，才導致民眾一廂情願地認為「那個幽靈肯定就是瑪麗沒錯」，不過這也證明了瑪麗其實是備受喜愛的存在。

除了身分成謎的白衣女士外，塔特伯里城堡似乎還有其他幽靈出沒，例如有許多訪客看見兒童的鬼魂悄然從身旁經過，或是有老女鬼漂浮在大廳的周邊。還有人說城堡內的君王寢宮會有晃動的光球（Orb）或光線在半空中閃現，也有好幾個人曾被某種潮濕又看不見的東西抓住手。不過，真正叫得出名字的幽靈似乎只有白衣女士＝瑪麗而已。

英國的博爾頓城堡（Bolton Castle）也是關押瑪麗的場所之一，有民眾在這裡目擊到她穿著黑色天鵝絨連衣裙在大廳與中庭行走的身影。此外，瑪麗有段時期曾經受到舒茲伯利伯爵（Earl of Shrewsbury）監管，因而在其名下的多座城堡待過，其中一座是位於約克郡雪菲爾（Sheffield）的莊園小屋（Manor Lodge），１９３０年代，曾有人在此目擊到瑪麗的鬼魂悄然穿過牆壁，四處走動。

瑪麗在處刑前度過人生最後一段時光的法瑟林蓋城堡（位於英格蘭中部內

陸的北安普頓郡），後來被她的兒子詹姆斯一世下令拆除，解體後一部分的構造——以石材與橡木製成，而且相傳是瑪麗步入刑場時所走下的樓梯——被遷移至塔爾波特飯店（The Talbot Hotel），據聞身穿白色連衣裙，披著披風並戴著長頭巾的瑪麗鬼魂會出現在飯店內，一整晚不停啜泣。這是瑪麗在處刑前一晚的模樣。據說被移設到飯店的橡木樓梯，是人們在瑪麗生前最後看到她的地點，而她的鬼魂則會在樓梯上現身。坊間亦傳出有人看到瑪麗的鬼魂走下樓梯的傳聞。還有目擊報告指出，訪客並未看見幽靈，只聽到啜泣聲與樓梯嘎嘎作響的聲音。這間飯店掛著瑪麗的肖像畫，走上前述的樓梯後，就有一間被命名為「瑪麗．斯圖亞特」的客房。

DATA

史特靈城堡小檔案

Stirling Castle

留存至今的建築物大多興建於16世紀。

1513年，詹姆斯四世（1473－1513）基於與法國簽訂的古老盟約對英格蘭宣戰，卻吞下敗仗。年僅17個月大的詹姆斯五世（1515－1542）便在史特靈城堡的皇家禮拜堂完成加冕儀式。詹姆斯五世長大成人之後，於1540年左右在城堡內建造了王宮。這座王宮是蘇格蘭早期文藝復興建築的代表作之一。同樣在1540年代，為了加強脆弱東側面的防禦而建設了「French Spur」。這並非沿用中世紀以降的高聳城牆，而是以防禦炮彈與運用要塞炮為考量所打造的稜堡式建築※。1543年，瑪麗・斯圖亞特（1542－1587）於皇家禮拜堂舉行加冕典禮。1566年，未來英王詹姆斯六世（1566－1625）在這座禮拜堂受洗，同時於1570年代在此處度過孩提時代。1594年則換詹姆斯六世的兒子亨利在此舉行受洗儀式，為此他還下令新建禮拜堂，而這就是現存的皇家禮拜堂建築。1603年，英國女王伊莉莎白一世（1533－1603）駕崩後，詹姆斯六世即位為英國國王詹姆斯一世。他的外曾祖母為都鐸王朝首任君王亨利七世（1457－1509）的女兒瑪格麗特。詹姆斯雖然入主英格蘭，亦為將來蘇格蘭國王的加冕典禮做足了準備，1628－1629年，他聘請瓦倫丁・詹金（Valentine Jenkin）在禮拜堂繪製壁畫。

1688年光榮革命以降，支持詹姆斯二世（1633－1701）的詹姆斯黨（Jacobite）再三引發叛亂，史特靈城堡的防禦力亦隨之升級強化。1689年增建大砲台（Grand Battery），1708－1714年則興建外圍防禦設施。

※ 稜堡是指從圍牆角落向外突出，呈角形的防禦設施。

史特靈城堡的平面圖（17世紀時）

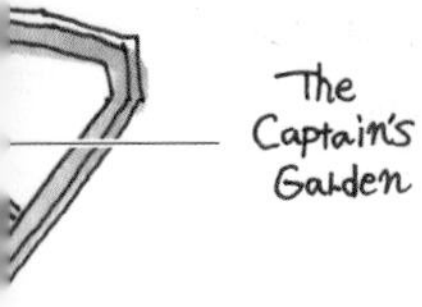

現存最古老的建築為北門，建於1381年，時值斯圖亞特王朝首任君王羅伯特二世（Robert II，1316–1390）執政期間。他在即位之前的1342年，從英格蘭手中奪回這座城堡。

在塔爾波特飯店的樓梯上哭泣，一身白色連衣裙搭配披風與長頭巾的瑪麗鬼魂。

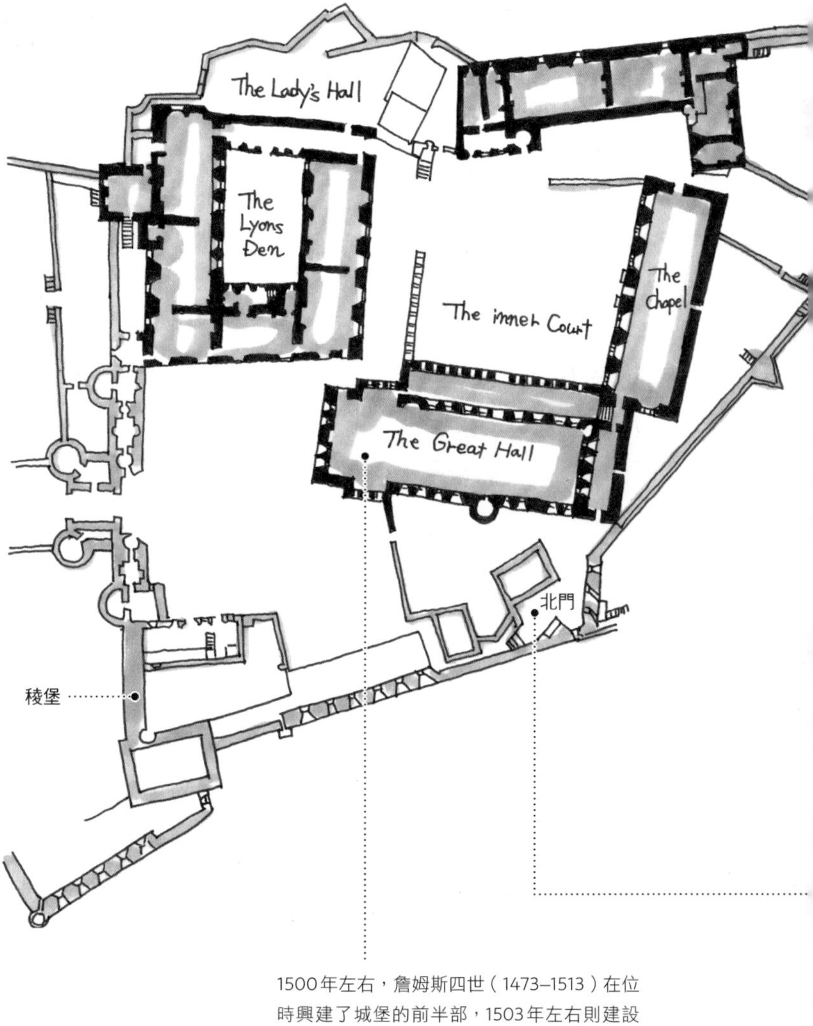

1500年左右，詹姆斯四世（1473–1513）在位時興建了城堡的前半部，1503年左右則建設了大廳。這是蘇格蘭同類型的建築中，規模最大的大廳。

The Palace of Holyroodhouse

慘劇接二連三的荷里路德宮

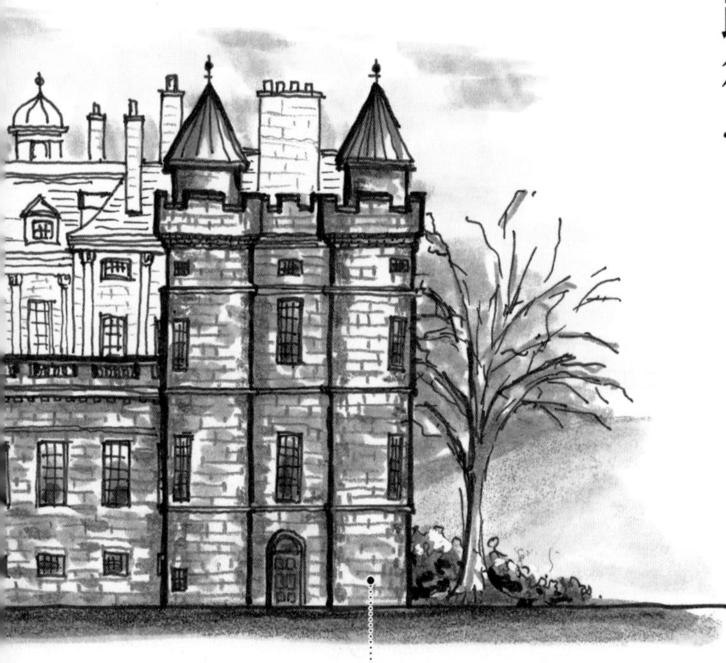

建築師威廉・布魯斯（William Bruce）著手於宮殿西南隅增建外觀複製詹姆斯五世時代風格的塔樓，令整座建築物正面呈現左右對稱的狀態。另一方面，他在塔與塔之間的正面中央入口採用古典主義建築的柱式手法，搭配多立克柱式（Doric Order）雙柱做出新設計。通過這個入口後，便是設有迴廊的方形結構中庭。

這座宮殿在漢諾威王朝時代乏人問津，直到1822年，睽違了近200年才有蘇格蘭國王親臨。喬治四世停留在蘇格蘭的期間，下令整修君王寓所的所有房間與宮殿南端的立面。維多利亞女王在位時期亦翻修了位於2樓的君王居所，並更新用水設備。於此之際，還將查理二世的私人寢室擴增改建為「晨間貴賓室（Morning Drawing Room）」。

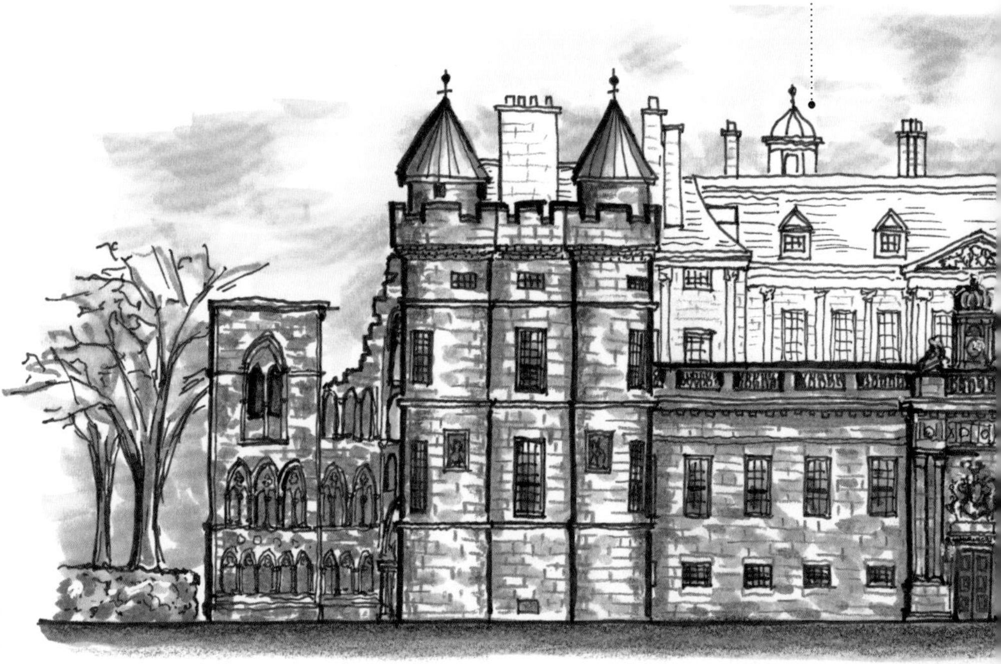

荷里路德宮現今外觀

位於蘇格蘭愛丁堡的荷里路德宮※1，在1530年代被建來當作蘇格蘭王宮。這裡也是伊莉莎白二世每年夏季造訪蘇格蘭時的行宮。現在除了君王或其他王族前來小住的期間外，皆對外開放參觀。

以這座宮殿為居所的人物當中，最知名的當屬蘇格蘭女王瑪麗·斯圖亞特。先前在Case6中介紹了瑪麗動盪起伏的人生，她最後的下場是在英格蘭被處刑。不過，在她為了躲避叛軍追殺而逃往英格蘭前，荷里路德宮就是她位於蘇格蘭的居所之一。

1560年12月5日，瑪麗所嫁的第1任丈夫法國國王弗朗索瓦二世（François II）年僅16歲就病歿，瑪麗遂於翌年8月返回蘇格蘭。身為蘇格蘭女王又擁有英格蘭王位繼承權的瑪麗，再婚人選不是各國王族就是有權有勢的貴族，但因為各種因素而未能成婚。後來瑪麗於1565年7月愛上了小她4歲，長相俊秀的達恩利勳爵亨利·斯圖亞特※2。兩人才交往幾個月，便在荷里路德宮的小教堂舉行結婚典禮。當時瑪麗23歲。

達恩利勳爵為英王亨利八世的姊姊之孫，與瑪麗同樣擁有英格蘭王位繼

※1 「荷里路德Holyrood」意指「聖十字架」。1128年，蘇格蘭國王大衛一世（David I）在獵鹿的過程中，看見一頭公鹿左右的鹿角間掛著聖十字架，因而在附近設立了修道院

※2 1545-1567。蘇格蘭女王瑪麗·斯圖亞特的第2任丈夫

承權，因此當時的英國女王伊莉莎白一世對兩人的婚事相當提防。儘管這並非唯一原因，但周遭似乎有許多人反對這樁婚事。瑪麗無視這些反對意見硬是結了婚，但據說這位達恩利勳爵只有長相可取，不但酒品不佳，個性傲慢又自大。瑪麗對他的感情很快就冷卻，兩人變得疏離、不睦。隨著夫妻關係惡化，瑪麗轉而寄情於義大利的音樂家大衛・里茲奧（David Rizzio，1533左右－1566），並命他擔任自己的祕書，對其極度寵愛。

瑪麗與達恩利勳爵結婚後，翌年的1566年3月9日，里茲奧與其他數人在瑪麗於荷里路德宮的起居室一同用餐時，突然遭到與達恩利勳爵交好的貴族們襲擊。里茲奧抓住瑪麗的裙襬死命反抗，但仍被拖出房間，在瑪麗面前慘遭殺害。

里茲奧的遺體被扔下樓梯，身上的華服與珠寶被扒得一件都不剩。當時達恩利勳爵是否在現場雖然沒有定論（也有可能是他命令其他領主動手殺人），但據說他的匕首遺留在里茲奧的屍體上。當時已身懷六甲的瑪麗目睹了這樁慘劇的部分經過。相信瑪麗應該大受打擊，幸好她在之後平安誕下兒子，也就是日後登基為英國暨蘇格蘭國王的詹姆斯六世※3。

里茲奧遇害現場的地板歷經好幾世紀仍然殘留著血跡，遊客參觀時也能目睹此一現象。據悉該部分的木材已多次進行更換，但同一個地方就是會浮現血跡。此外，深夜宮殿內會傳出詭異的聲響，也有人目擊到里茲奧的鬼魂在大廳來回遊走。

關於這起事件，內情似乎不單純是丈夫妒恨妻子的情夫而痛下殺手。有一說認為達恩利勳爵害怕里茲奧干政，對瑪麗造成影響；也有一說主張，達恩利勳爵圖謀殺害瑪麗，所以才刻意在她面前虐殺里茲奧，好讓她受到刺激而流產，繼而性命不保。還有另一個可信的說法是：達恩利勳爵只是被拱出來的，在背後操縱他的則是反瑪麗派人士，他們宣稱只要瑪麗一死，達恩利就能坐上君王寶座並以此來慫恿他。坊間也流傳著殺害里茲奧的幕後黑手並非達恩利勳爵，而是瑪麗的政治顧問馬里伯爵※4。其中最另類也最令人玩味的說法則是，里茲奧並非瑪麗的情夫，而是達恩利勳爵的情人。若真是如此，那麼里茲奧之死便有了截然不同的解讀方式。雖然這個說法極富戲劇性，不

※3
1566-1625（在位1603-1625）。身為蘇格蘭國王的在位期間為1567-1625

※4
Earl of Moray
瑪麗同父異母的親哥哥，在瑪麗與達恩利勳爵結婚後便引發叛亂而流亡英格蘭。後來瑪麗之所以會流亡英格蘭，就是因為敗給了馬里伯爵所率領的反叛軍

過最貼近現實的推測，應屬反瑪麗派人士所策劃的政變行動之一。

里茲奧遇刺一年後的1567年2月10日，在愛丁堡宅邸臥病療養的達恩利勳爵，遭遇了大規模的爆炸事故。整棟房子被炸毀，達恩利勳爵與家僕們全數罹難。起初達恩利勳爵被認為死於爆炸意外，但他的遺體一絲不掛，頸部還留有勒痕。全案調查完畢後，以凶手逃亡國外作結，瑪麗則在達恩利勳爵過世3個月後，於荷里路德宮的大廳與蘇格蘭的名門貴族博斯韋爾伯爵詹姆斯．赫本（1535-1578）完婚。

博斯韋爾伯爵是瑪麗相當信賴的一名友人，據傳他當時也在里茲奧遇襲現場，因為深怕自己同樣會遭殃而從窗戶逃走。據說瑪麗在達恩利勳爵死後受到博斯韋爾伯爵欺騙，被他帶到城堡遭受性侵。當時被凌辱的女性，尤其是因此而懷孕者，選擇與加害人結婚的情況並不罕見。相傳瑪麗懷有博斯韋爾伯爵的孩子（後來流產）。若此事屬實，那麼瑪麗就是被害人，不過坊間亦流傳兩人從達恩利勳爵在世時便已是一對，因遭到凌辱而不得不下嫁對方的說法根本是鬧劇。

當時，一般認為殺害達恩利勳爵的真凶即為博斯韋爾伯爵，但卻沒有證據。即便如此，民眾對博斯韋爾伯爵，以及與他結婚的瑪麗相當反感，繼而引發叛亂，結果導致瑪麗被廢黜，流亡英格蘭。

時至今日，殺害達恩利勳爵的凶手為瑪麗與博斯韋爾伯爵的主張已成定論，另一方面，也有一說指稱，這其實是達恩利勳爵企圖謀殺瑪麗失敗，結果反而自取滅亡（若真是如此，里茲奧遇害可謂謀殺瑪麗的前哨戰）。

無論達恩利勳爵是遭到妻子與其新歡殺害，抑或圖謀暗殺髮妻而自取滅亡，相信他應該覺得自己死得不明不白，無法瞑目吧。達恩利勳爵化為幽靈後，並非在死亡地點現身，而是出沒於他從前所居住的荷里路德宮與周遭，並再三被民眾目擊。

此外，出沒於這座宮殿的幽靈，不僅限於瑪麗的夫婿與祕書。在蘇格蘭國王詹姆斯六世——亦即瑪麗的兒子——所主導的大規模獵巫行動「北貝里克女巫審判（North Berwick Witch Trials）」中，被判定為女巫而遭到處刑的艾格妮絲・桑普森（Agnes Sampson）的鬼魂也很出名。

1590年，原為助產師的艾格妮絲被指控為女巫而遭到逮捕。一位名叫吉利斯·鄧肯（Geillis Duncan）的男子向有關當局告發此事，但據悉除了他的證詞之外，完全沒有其他證據。詹姆斯六世親赴法庭參與這起審判，艾格妮絲被關進荷里路德宮的大牢受到拷問。她被套上嘴套無法開口反駁，加上日夜不斷遭到鞭打等嚴刑拷問，再也忍受不了的艾格妮絲最終自白認罪，於1591年1月28日被宣判死刑，在愛丁堡的堡丘（Castle Hill）被烈火活活燒死。艾格妮絲死後，數度被人目擊到赤身裸體地在宮殿的迴廊徘徊，而且據聞她的身上都是刑求時留下的傷痕。

話說回來，這座宮殿可說是與瑪麗相關的幽靈古堡中最為有名的地點，但不可思議的是，幾乎找不到曾目睹瑪麗鬼魂的消息。一般認為瑪麗會出現在生前被幽禁的場所，甚至是曾寄居或短暫停留過的地方，但或許是因為這裡有里茲奧和達恩利勳爵的鬼魂，即便是喜歡到處出沒的瑪麗，應該也不想露面吧。如果瑪麗實際上真的有參與殺害達恩利勳爵一事，更是不可能在此現身。

先不論瑪麗與博斯韋爾伯爵的關係，單就達恩利勳爵遭殺害一事來看，我認為與瑪麗脫不了關係。整棟房子爆炸以暗殺手法來說過於醒目，實在不像是有豐富作戰經驗的博斯韋爾伯爵會採取的方法，這種招搖又極富戲劇性的方式，反而給人一種正是瑪麗作風的印象。房子明明都爆炸了，遺體卻沒有被燒毀而留了下來，導致絞殺達恩利勳爵一事敗露，這種行事不夠嚴謹之處，的確很像瑪麗的風格。瑪麗喜歡耍陰謀及各種費事的手法，日後遭到監禁的期間，她曾透過各種變裝試圖脫逃；圖謀暗殺英國女王伊莉莎白一世之際，她更使用了暗號、火炙等方式來製作密函，並將書信塞進豬膀胱後藏在酒桶內等等，無所不用其極地想辦法與外界聯繫。然而，全都以失敗告終。

達恩利勳爵的遺體之所以一絲不掛，可能單純只是因為臥病療養期間僅穿著薄睡衣，在爆炸過程中衣服被炸毀，抑或爆炸當時正在更衣，不過思及里茲奧在遇害後，身上的昂貴衣物與飾品全被扒光的情況，我不禁懷疑，這背後應該含有瑪麗想以其人之道還治其人之身的意味。

當然這已是無法考證之事，而且沒有留下任何關鍵證據。不過，瑪麗偏好招搖的手法成為主張她是凶手的根據之一。後來就連她在英格蘭被處刑之際，仍然費心呈現出戲劇效果——她原本身穿一襲黑色連衣裙走上斷頭台，接著脫下這身衣裳，露出裡面的紅色長洋裝。據說劊子手因此亂了手腳，接連揮了3次斧頭才將瑪麗的頭砍下。瑪麗的人生直到最後的最後，仍然充滿了波折。

關於瑪麗處刑一事，留下了許多令人玩味的軼聞，像是劊子手抓住瑪麗的頭髮，打算提起她的項上人頭時，假髮隨之脫落，滿頭白髮的頭顱就這樣滾到地上；瑪麗被斬首後，嘴巴仍然在動；瑪麗被處刑後，她所飼養的小狗緊貼著她的裙襬，不肯離開遺體。

就算瑪麗曾積極策劃暗殺陰謀，抑或其實是被周遭誤解，實際上只是個身不由己的被害人，她的人生直到最後依舊驚濤駭浪不斷，不過留存至今的瑪麗遺像則呈現出惹人憐愛又沉穩的表情，彷彿就像少女般。

DATA

荷里路德宮小檔案

The Palace of Holyroodhouse

1195年至1230年，因初期建造的教堂空間已不敷使用而擴大修道院的面積，增建迴廊、集會室、食堂，以及王室用的各居室。位在宮殿東北隅的教堂已淪為廢墟，但留存至今。

1488年至1513年為詹姆斯四世在位期間，這位君王經常會來這裡小住一段時間。1503年8月8日，在他迎娶英國國王亨利七世之女瑪格麗特．都鐸（Margaret Tudor）為王后之際，便順勢將王宮遷移至此。荷里路德宮就是從這個時候開始正式整修為宮殿。1528年，夫妻倆的兒子詹姆斯五世在宮殿的西北隅增建具備可動橋與護城河的巨大塔樓，鞏固王宮的防禦力。塔樓上亦設有突堞（堞口）。這座塔樓是該城堡現存最為古老的建築物。女王瑪麗一世下台之後，她的兒子詹姆斯六世在登基為英國國王詹姆斯一世之前，從1579年至1603年皆以這座宮殿作為居所。1633年，為了舉行詹姆斯一世之子查理一世成為蘇格蘭國王的加冕典禮，因而改建了宮殿西側正面部分。然而，發生於英國內戰（又稱為清教徒革命）期間的鄧巴戰役（Battle of Dunbar）結束後，此處遭克倫威爾軍占領，亦受到火災波及。1660年隨著王政復辟，新君王查理二世再度將荷里路德宮正式定為蘇格蘭王宮。1671年至1676年則進行了由威廉．布魯斯（1630左右－1710）所規劃的改建工程。布魯斯經手過許多鄉村別墅，是當時蘇格蘭具代表性的建築師，曾擔任蘇格蘭王室的建築總監（Surveyor General）。現存的建築幾乎都是在這個時期興建的。

荷里路德宮的平面圖（16世紀時）

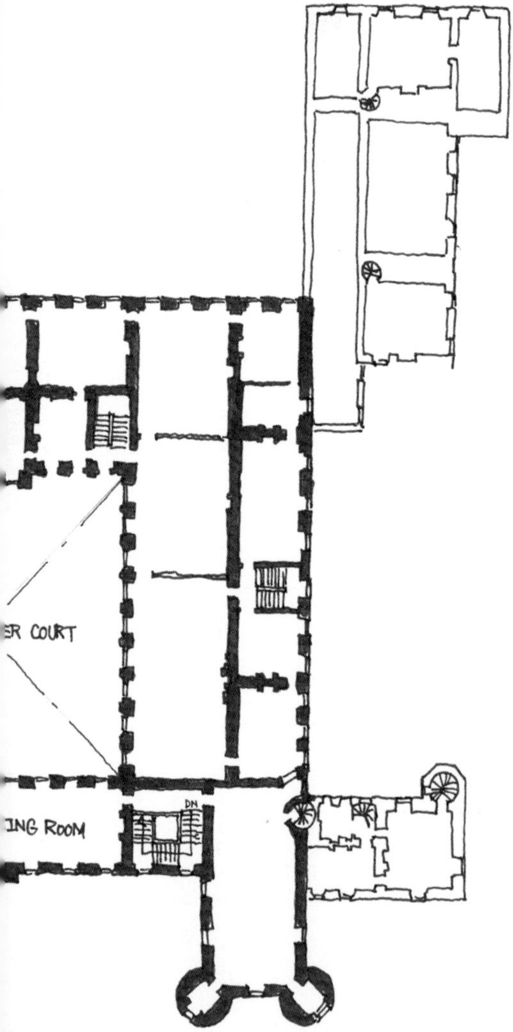

Agnes Sampson

里茲奧遇害現場的地板。據悉這部分的木材曾數度更換，但每次都會在同一個地方浮現血跡。

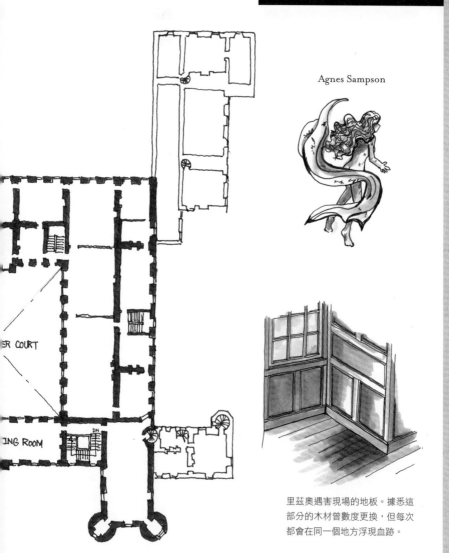

Lord Darnley

David Rizzio

2 F

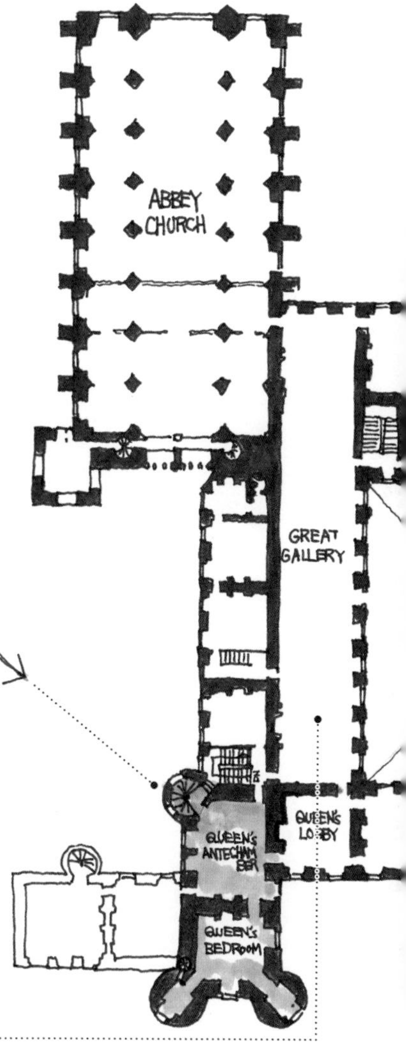

3 F

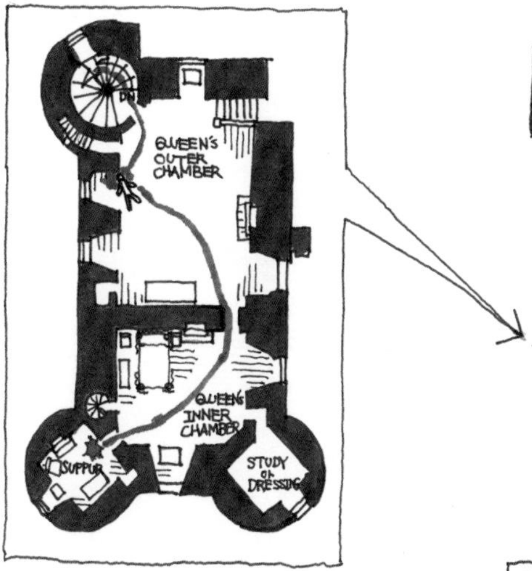

17世紀後半，荷蘭畫家雅各布・德・維特二世（Jacob de Wet II，1641–1697）共繪製了111幅歷代蘇格蘭國王的肖像畫，陳列於荷里路德宮內最大的空間「大畫廊（Great Gallery）」的牆面上。

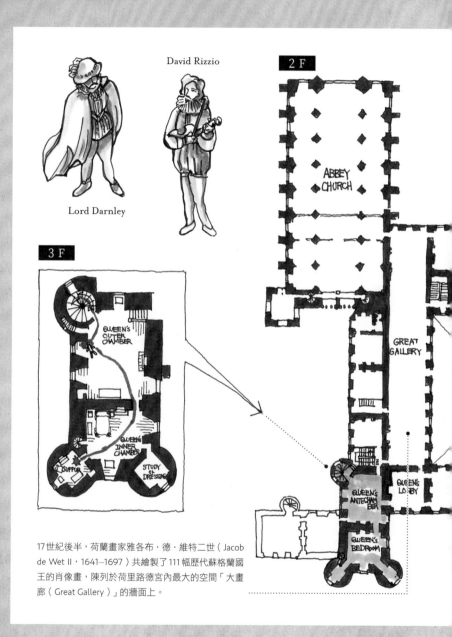

Glamis Castle

The HAUNTED CASTLE Case 8

傳說與祕密的寶庫 格拉姆斯城堡

塔屋（Tower House）是從14世紀後半至17世紀出現於蘇格蘭的獨特築城形式，大多為長方形結構的多層建築。通常1樓空間會用來飼養家畜等動物、2樓為廚房、3樓為大廳、4樓以上則設有寢室等房間。相較於具備「bailey」或「court」這種類似防禦陣地的設計，塔屋相對容易興建，因此不僅是領主，亦普及至富裕的地主階級。16世紀以降，隨著塔屋的軍事作用降低，持有者們開始在其周圍增建附屬建物以擴大範圍，17世紀至18世紀因而形成了許多鄉村別墅。於此之際，塔屋內的大廳就像本單元所介紹的城堡般，被整修為貴賓室（接待室）。

格拉姆斯城堡現今外觀

格拉姆斯城堡位於蘇格蘭安格斯（Angus）地區的格拉姆斯村。這裡是伊莉莎白二世的母親度過孩提時代、誕下瑪格麗特公主的地方，亦是莎士比亞戲劇《馬克白》中的城堡原型，因而廣為人知。另一方面，這座城堡因為擁有許多傳說和祕密而相當聞名，被認為是蘇格蘭最受詛咒的城堡之一。這裡原本是蘇格蘭王室的狩獵小屋（hunting lodge），1372年由蘇格蘭國王羅伯特二世贈與女婿約翰·里昂（John Lyon，亦作萊昂），從此成為里昂家（現為斯特拉斯莫爾和金霍恩伯爵，Earl of Strathmore and Kinghorne）世居的城堡。當初這裡不過是一棟簡陋的2層樓建築，約翰·里昂爵士之子在此興建城堡後，受封為第1代「格拉姆斯勳爵（Lord Glamis）」。里昂家族有個祖訓，若將代代相傳的聖杯帶出家門必定會招來禍事，但獲得羅伯特二世贈與這塊土地的約翰·里昂爵士偏不信邪，將聖杯從原本居住的宅邸帶往格拉姆斯城堡。約莫10年後，約翰·里昂爵士死於決鬥，後續在城堡發生的各種怪異現象也開始被謠傳是聖杯惹的禍。※1

格拉姆斯城堡存在著許多耐人尋味的傳說，其中最值得玩味的莫過於賭

※1 其實在興建城堡前，坐落於這塊土地上的狩獵小屋就有一段腥風血雨的過去。生性殘暴，因弒君篡位而被稱為「破壞王」的蘇格蘭國王馬爾科姆二世（Malcolm II）遭到反叛，於此處被臣子殺害，因此這塊土地從一開始就不平靜

徒比爾迪伯爵的故事。時值12世紀中葉，某個週六夜晚，第4代克勞福德伯爵（Earl of Crawford）比爾迪（「beardy」意指蓄鬍的男人，「比爾迪伯爵」這個稱呼代表其綽號為「鬍子伯爵」）受邀前往格拉姆斯城堡打牌，玩得不亦樂乎的他，過了子夜已進入安息日仍遲遲不肯罷手，惡魔因而現身，表示要參一腳。傻傻應允的比爾迪伯爵就這樣輸了賭局而被奪走靈魂，撒手人寰（據悉他於1453年9月因罹患高燒感染症而離世）。相傳他與惡魔一決勝負的房間，遊戲永不停歇，到了夜晚就會傳出賭博吆喝聲，以及怨言、咒罵和擲骰子等聲響。

由於深夜的噪音持續長達好幾年，這個房間遂用磚牆封了起來，但這麼做似乎依然關不住幽靈，據說至今比爾迪伯爵的鬼魂仍會在夜晚的城堡內徘徊。有關單位也收到好幾則來自訪客的通報，像是被伯爵的鬼魂盯著看、躺在床上睡覺時遇到鬼壓床等等。

此外，與惡魔賭博賭輸而被奪走靈魂的只有比爾迪一人，在場的另一名牌友，格拉姆斯城堡的城主則以安息日為由收手不玩，另一個流傳的版本則是，一同玩牌的格拉姆斯城堡的城主也參與了賭博。不過細想一下這個故事究竟是由誰傳出的，便會發現前者比較符合邏輯。

然而，有些文獻對這個故事的描述卻是「格拉姆斯城堡的城主『比爾迪伯爵』與友人克勞福德伯爵『泰格（Tiger）』一起打牌時，惡魔現身」、「格拉姆斯領主被奪走靈魂」。研判這是因為格拉姆斯城堡的第2代領主，與第4代克勞福德領主亞歷山大・林賽・克勞福德（Alexander Lindsay Crawford）伯爵的綽號皆為比爾迪伯爵，才會因而被搞混。無論是「比爾迪伯爵」或「泰格」皆為第4代克勞福德伯爵的暱稱，因此——先不管真偽——據此可以判斷，在這個故事中被奪走靈魂的是克勞福德伯爵。

過去在格拉姆斯城堡曾進行過殘忍的「狩獵」活動，主人會命令黑人奴僕在城堡腹地內奔跑，再予以獵殺，結果導致在城堡內四處亂竄，最後喪命的奴僕們幻化為人稱「Jack the Runner」的幽靈出沒，據說主辦這種狩獵活動的也是比爾迪伯爵。而這位比爾迪伯爵並非好賭成性的第4代克勞福德伯爵，而是第2代格拉姆斯城堡的城主。

讓我們回到前述的「用磚牆封住的房間」，這個元素再三出現於格拉姆斯城堡的傳說中。領主家因為生出畸形兒而將孩子關在城堡的密室，並在其死後用磚牆封住整個房間，這則「格拉姆斯的怪物」傳說特別有名（還有一說指稱斯特拉斯莫爾家族每一代都會生出一個吸血鬼小孩）。這個傳說後來又衍生出頗為具體的故事，相傳城堡內的傭人在內部通道的盡頭發現一扇門，並在門後方看見一個既像人又像蟾蜍的形體，當時的伯爵便給了這名傭人一筆錢打發他出國。

坊間流傳這個「怪物」活了將近200年之久，唯有歷代城主才知曉其存在。假如城主們將有先天缺陷的孩子藏起來的悲劇是事實的話，從現實角度來思考，應該是這個家族200年來生出了好幾個畸形兒才對。若此推論屬實的話，或許是這個地方，抑或斯特拉斯莫爾家族的基因出了某些問題所造成的。

據悉與「怪物」有關的故事從17世紀末就開始流傳，進入19世紀之後，一名記者根據「有關人士透露的消息」而將「格拉姆斯城堡的怪物」傳聞寫成報導，這個傳說因而廣為人知，目擊消息也逐漸變多。然而，也有人懷疑

「怪物」傳說其實是取材自實際在這座城堡內發生的奧格維（Ogilvy）家族事件，以及在該事件中出現的「頭蓋骨房間」所杜撰出來的故事。

1486年，當時奧格維家族中有好幾個人遭到激烈對立的林賽家族追殺，因而前往格拉姆斯城堡尋求保護，但當時的城主與林賽家族暗中勾結，假意收留這群人卻將他們囚禁於密室裡，並活活把人餓死。相傳過了好幾週之後，城主才派人入內查看，發現只有一名男子靠著吃家人的屍體而倖存下來。據悉用來囚禁奧格維家族並埋藏屍骨的「頭蓋骨房間」，便存在於格拉姆斯城堡內。

據傳格拉姆斯城堡有個只傳給伯爵家宗主的祕密，在接班人滿21歲時才會被告知。1905年，克勞福德伯爵大衛．林賽（David Lindsay）澄清，格拉姆斯城堡根本不存在什麼祕密，但他畢竟是曾與奧格維家族對立的林賽家族後裔，所說的話不能盡信。

雖然不知只傳給宗主的祕密是否與「格拉姆斯的怪物」或是「頭蓋骨房間」有關，不過暗示城堡內有祕密房間的逸聞軼事，在20世紀以降仍時有所聞，因而無法斷言這只是古老傳說衍生出的產物。比方說，前來參觀城堡的部分訪客為了找出祕密房間，而在城堡內所有房間的窗戶都掛上毛巾作為辨識。這些人在城堡內四處尋找，也並未發現祕密房間，但從城堡外查看時，卻赫然驚見好幾個房間並未掛有毛巾。據悉當時的城主——第14代克勞德．喬治（Claude George）伯爵，對訪客們的行為大為震怒。

相傳這位第14代伯爵告訴了城堡管理人有關城堡的祕密。這名管理人誓言，從此不再於格拉姆斯城堡過夜，他還對後來渴望得知祕密的第15代伯爵夫人表示「不要知道比較好」、「得知祕密後就永遠不會幸福」。

雖然「格拉姆斯的怪物」並非幽靈，有點偏離本書宗旨，不過這是一座充滿血腥傳說的城堡，當然也傳出許多目擊幽靈的消息。好比出現在城堡的小教堂（禮拜堂）內，被稱為灰衣女士的鬼魂。一般認為，她是第6代格拉姆斯城堡的城主之妻珍妮特．道格拉斯（Janet Douglas）。珍妮特在丈夫格拉姆斯勳爵死後，遭蘇格蘭國王詹姆斯五世※2指控為女巫而被關押於愛丁堡城堡，最後被活活燒死。珍妮特夫人其實是遭到莫須有的指控，相傳詹姆斯五世對

※2 1512-1542（在位1513-1542）。被母親瑪格麗特的再婚對象阿奇博德．道格拉斯當成發動戰爭的棋子

繼父阿奇博德．道格拉斯（Archibald Douglas，珍妮特的弟弟）懷恨在心，意圖懲處道格拉斯一族才做出此舉。詹姆斯五世的這項行為在當時受到強烈抨擊，甚至差點引發暴動。他還判處珍妮特的兒子死刑，不過在他死後，珍妮特的兒子便獲釋出獄。此外，珍妮特的冤罪亦獲得平反，原本遭王室沒收的格拉姆斯城堡遂歸還其子（詹姆斯五世的女兒瑪麗．斯圖亞特於1562年造訪格拉姆斯城堡，她的兒子詹姆斯六世為了補償祖父的暴行對其造成的傷害，亦於1606年將金霍恩伯爵爵位賜予格拉姆斯城堡的城主）。

灰衣女士——珍妮特的鬼魂，在城堡內的禮拜堂多次被目擊到誠心祈禱的模樣。據說她看起來相當沉穩平靜，並未流露出半點怨恨，最後默默地消失。城堡內的禮拜堂最後一排最右邊的位子是為她保留的座位，無論是斯特拉斯莫爾伯爵家族或其他人都不會使用這個位子。

有故事流傳的幽靈不光只是灰衣女士而已。一名少年的幽靈曾數度被目擊到其端坐於女王起居室門旁的石椅上。據傳少年生前是一名喜歡惡作劇的侍從，經常被罰坐在石椅上反省過錯。某個冬日夜裡，下令處罰者完全忘了這件事便倒頭大睡，難得乖乖從命的少年枯坐在石椅上而被凍死，在這之後就開始有人在石椅上看見其身影。進入這裡參觀的訪客偶爾會莫名被絆倒，據說就是這名少年惡作劇使然。

還曾傳出有人目擊到沒有舌頭的女鬼嘴巴滴著血四處徘徊的恐怖景象。這名失去舌頭並用手指著自己的臉，在城堡內四處遊走的女子，相傳為一名女僕，因為得知了只有伯爵才知曉的祕密而打算昭告天下，才會遭到割舌殺害。也有民眾看到疑似這名女僕的鬼魂，隔著城堡的格子窗看著外面的模樣。她所目睹的祕密，不知是否就是格拉姆斯城堡的祕密房間。

DATA

格拉姆斯城堡小檔案

Glamis Castle

格拉姆斯城堡位於蘇格蘭北部因安格斯牛而聞名的安格斯地區平地。相傳11世紀時，馬爾科姆二世在這裡遭到暗殺。1372年，都鐸王朝首任蘇格蘭國王羅伯特二世將此處賜給約翰．里昂（於1376年與公主結婚），一般認為當時這裡是王室的狩獵小屋，現今城堡最古老的部分則於15世紀前半以降陸續興建完成。在這之後，詹姆斯五世於1540年指控第6代格拉姆斯城堡的城主之妻珍妮特．道格拉斯為一名女巫，判她火刑。這裡據說也是莎士比亞戲劇《馬克白》的故事舞台，馬克白就是在這裡暗殺了鄧肯。

1606年，第9代格拉姆斯領主成為第1代金霍恩伯爵，第3代伯爵同時又被授予第1代斯特拉斯莫爾伯爵爵位。城堡如今的風貌則是於17世紀至18世紀改建而成，並重新打造成早期法國文藝復興城堡風格，不過中央部分保留了原始的塔屋。格拉姆斯城堡至今仍與英國王室有很深的淵源，眾所周知這裡也是伊莉莎白二世的母親度過孩提時代的地方。

城堡以位居中央、擁有3層結構的古老塔屋為中心，並於西側和東南側增建附屬建物，往東北方向還有呈現日字型的附屬建物。塔屋部分為3層結構，1樓為廚房，2樓是被稱為「crypt」的廳堂，3樓設有大廳。大廳東南側為等候室（Ante Room），對面有禮拜堂，大廳與等候室的角落則設有螺旋梯。

格拉姆斯城堡的平面圖（近世以降）

3 F

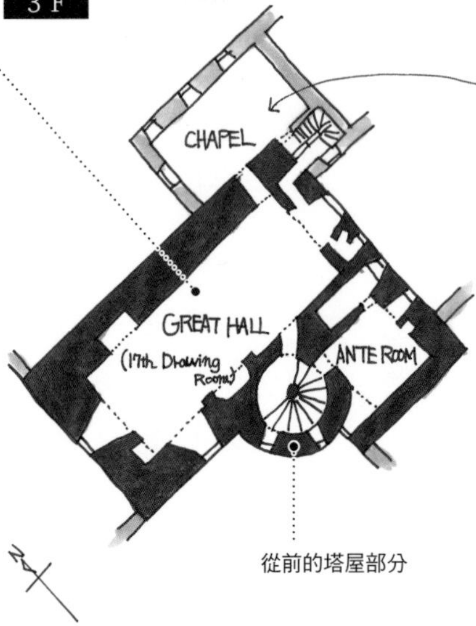

從前的塔屋部分

Grey Lady

Boy's Ghost

相傳「格拉姆斯的怪物」被監禁於城堡內的密室，其死後連同整個房間用磚牆封了起來。

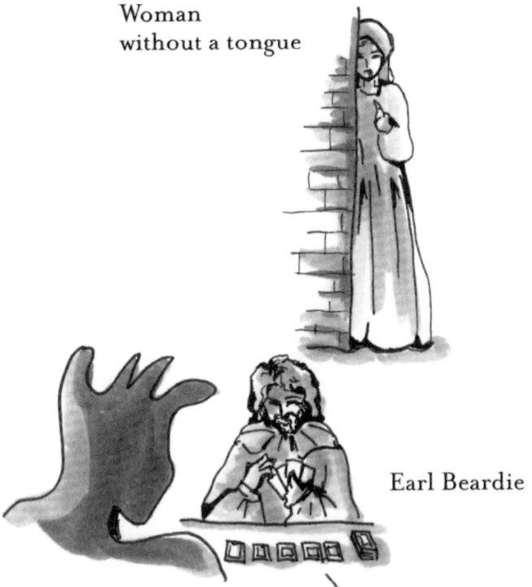

大廳後來被改建整修為貴賓室（接待室）。整個大廳以桶形拱頂打造，暖爐上方可以見到蘇格蘭薊花與英格蘭玫瑰的裝飾。這是蘇格蘭國王詹姆斯六世身為英國國王詹姆斯一世的紋章。據悉暖爐前的空間為伊莉莎白二世與瑪格麗特公主年幼時期特別喜愛的地方。

從前的塔屋部分

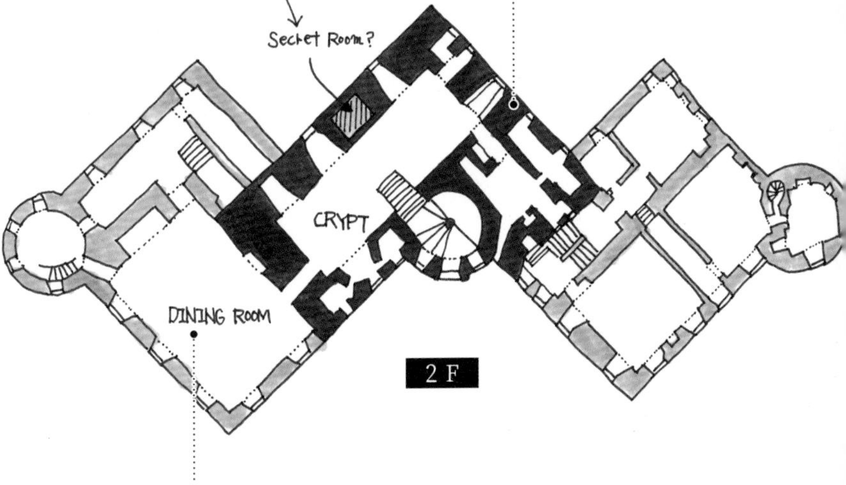

飯廳位於塔屋西側增建部分的2樓。雖是平頂天花板，但在格柵上使用了用於扇形拱頂、被稱為「Pendant」的垂墜粉飾灰泥（Stucco）。可在其中看見英格蘭玫瑰與蘇格蘭薊花的裝飾。另一方面，牆面重點部分以壁柱（Pilaster）來點綴則屬於古典主義風格。

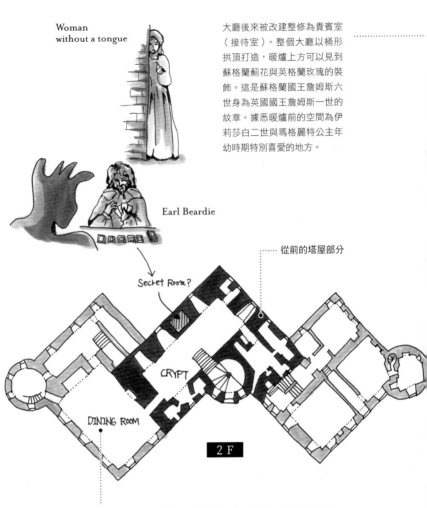

The HAUNTED CASTLE Case 9

EDINBURGH CASTLE

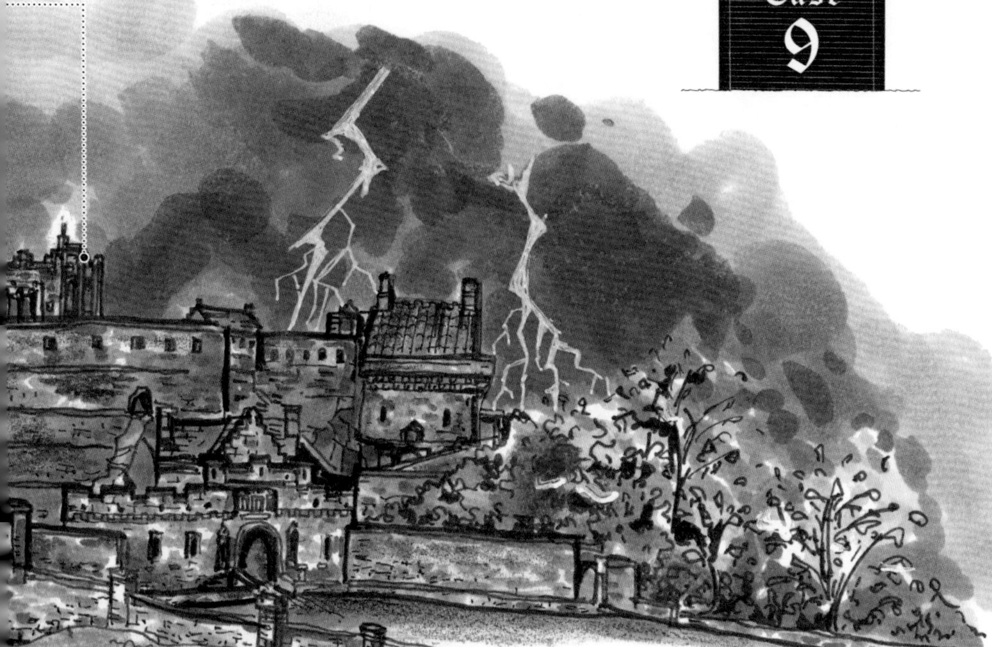

幽靈城市
愛丁堡與
愛丁堡城堡

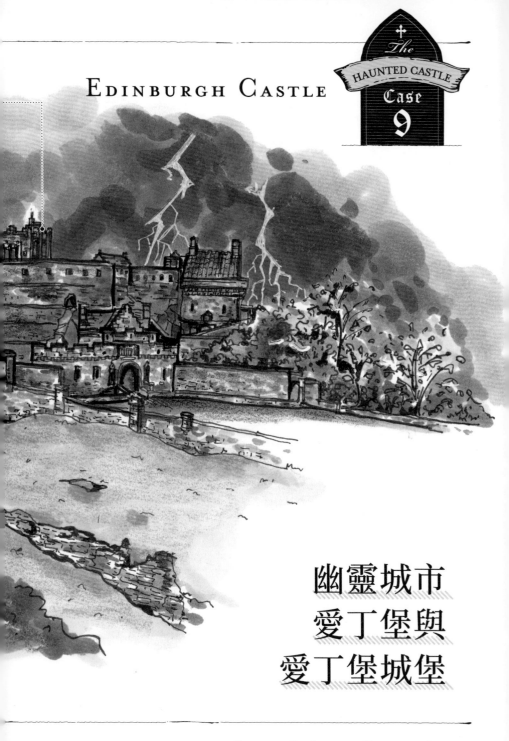

愛丁堡城堡在大衛二世（1324–1371）下令重建之後，仍持續增建擴大規模，15世紀以降，在既存建築物的石造拱頂正上方增建了最初的君王寓所（君王的居住空間）、大廳與皇冠廣場（Crown Square）。1452年，歐洲最大規模的「蒙斯梅格大砲（Mons Meg）」被進獻給君王詹姆斯二世（1430–1460），並設置於這座城堡內。然而在1571年的長期圍城（Lang Siege）事件中，大衛塔等增建部分受到英格蘭軍隊猛烈的炮火攻擊，徹底遭到破壞。後來再度展開築城工程，設置了「半月砲台」並在上面架設被稱為「七姊妹」的青銅大砲，以及設置朝向北方的阿蓋爾砲台（Argyle Battery）。

愛丁堡城堡現今外觀

愛丁堡是蘇格蘭與英格蘭爆發宗教戰爭的地點，被認為是「世界上受到最多侵略的都市」之一。或許是因此緣故，這裡也被封為全球最多幽靈出沒的城市。戰爭、虐殺、女巫審判等血腥事件的發生地散見於整座城市，因而被喻為「世界最受詛咒的墳場」。這裡也有很多知名的鬧鬼地點，例如灰衣修士教堂墓地（Greyfriars Kirkyard），據說這裡是《哈利波特》小說系列中，佛地魔的原型人物的墳墓所在地點，以及地下都市布萊爾街拱頂（Blair Street Vaults）等等，甚至還有專門探訪這些地方的觀光行程。愛丁堡最為古老的建築物為愛丁堡城堡，建於懸崖峭壁上，可說是蘇格蘭愛丁堡的地標。這座城堡曾數度遭到英格蘭軍攻擊，乃軍事重鎮。

愛丁堡城堡則被認為是《哈利波特》小說系列中霍格華茲魔法學校的原型，因而家喻戶曉，關於靈異現象的傳聞可謂一籮筐。這裡雖然沒有系列小說中「差點沒頭的尼克」，但據說有位完全沒有頭的鼓手出沒。

相傳這位鼓手會出現在城堡的胸牆上打鼓。或許是因為當時會以鼓聲來作為送士兵上戰場的暗號，所以一般認為他可能是為了提出警告，才會在城堡有危險時現身。1650年，據聞他在愛丁堡城堡即將遭受奧利弗．克倫威爾※攻擊前現身，打鼓發出警告，然而這是他最後一次被目擊的相關書面紀錄。1650年也是查理一世被斬首的翌年。或許一切純屬巧合，但出現同為無頭狀態的幽靈這件事，著實耐人尋味。

當時愛丁堡城堡的總督為了解開無頭鼓手之謎，還親自進行調查。他本身並未目擊到幽靈，但卻聽到演奏蘇格蘭軍歌的鼓聲，以及配合鼓聲行進的隊伍腳步聲。相傳行進的腳步聲逐漸往總督靠近，接著直接從他身旁通過。

據聞至今仍有一些造訪城堡的民眾會聽到鼓聲。然而，無頭鼓手的身影已長達好幾世紀未曾有人見過。

在《哈利波特》小說系列中登場的幽靈「灰衣貴婦」，與其同名的鬼魂也在愛丁堡城堡被民眾所目擊。據說她身穿16世紀風格的服飾，在城堡內四處徘徊、哭泣。坊間流傳她其實就是出沒於蘇格蘭另一大觀光景點——格拉姆斯城堡中的格拉姆斯女士＝珍妮特．道格拉斯的鬼魂（她的幽靈在格拉姆斯城堡亦被稱作灰衣女士）。先前已在Case8中提到有關珍妮特的故事，她因為

※ Oliver Cromwell 1599-1658。英國軍人、政治家。於清教徒革命中擊敗保王黨

冤罪而入獄，被處刑的地點即為愛丁堡城堡。珍妮特的丈夫格拉姆斯勳爵於1528年過世，她之後雖然再婚，卻因為詹姆斯五世與她的弟弟道格拉斯伯爵之間有心結，而被指控為女巫，與夫婿一同被關進愛丁堡城堡的地牢。這項指控完全是空穴來風、毫無憑據的誣陷。珍妮特本身亦再三否認，但詹姆斯五世對她的家人與僕人嚴刑拷打，逼出不實的「證詞」，1537年7月17日，珍妮特遭控涉嫌謀劃毒殺國王而被判有罪。她被押到愛丁堡城堡外，在兒子面前被綁上木樁，接著活活被燒死。在詹姆斯五世死後，珍妮特終於沉冤得雪，洗刷罪名。珍妮特的鬼魂會出現在她生前所居住的格拉姆斯城堡，並在禮拜堂內誠心祈禱，但現身於愛丁堡城堡的鬼魂，據說是哭著在城堡內四處徘徊，可見珍妮特的內心有多委屈。以沉靜祈禱之姿出現在格拉姆斯城堡的珍妮特鬼魂，相信才是她原本的模樣吧。

還有報告指出，在愛丁堡城堡內會聽到不知從何處傳來的敲槌聲。據說這是珍妮特被處以火刑時，為她架設火刑台的作業員鬼魂所發出的聲響。包括珍妮特的僕人在內，囚禁許多戰俘和間諜並把他們嚴刑拷打折磨至死的地牢，也傳出無數有關幽靈和光球的目擊消息。

也有一說主張，出現在愛丁堡城堡的灰衣女士並非珍妮特．道格拉斯，而是於1560年6月死亡的蘇格蘭女王瑪麗之母，生前亦曾擔任攝政的瑪麗．德．吉斯（Marie de Guise，又稱瑪麗．德．洛林 Marie de Lorraine）。為了蘇格蘭與天主教鞠躬盡瘁的她，44歲時留下未竟的志業病逝於愛丁堡城堡——在她過世2個月後，蘇格蘭實行了宗教改革，廢除羅馬教宗的管轄權、沒收天主教會的財產、禁止舉行彌撒等等——因此她會化作幽靈現身其實一點都不奇怪。

話說回來，出沒於愛丁堡城堡的幽靈中，包含名字在內，能查得出「身家」背景的頂多只有灰衣女士一人。除了她以外，許多歷史上的領袖人物也被關進這裡而喪命，一般認為地牢內也有這些人的亡魂出沒，但無法個別斷定誰是誰。相較於具體叫得出名字的知名幽靈，愛丁堡城堡反而因為存在許多籍籍無名的鬼魂而廣為人知。也就是說，這裡是受到戰爭牽連的無名士兵與俘虜等無數性命犧牲的地方。

比方說，被關押於愛丁堡城堡地牢的一名男性囚犯，躲在手推車內企圖逃獄，卻在途中被人從城堡的胸牆推下去而身亡，幻化作幽靈的他便如法炮製，意圖將城堡的來訪者從胸牆推落。據聞這裡也有因七年戰爭（1756-1763）而被關進地牢的法國俘虜，以及在美國獨立戰爭中被俘虜者的亡魂出沒。有關當局亦收到各種報告，除了有人聽到痛苦的呻吟聲、突然感到一陣寒意、被看不見的手抓住衣服或摸臉等情況外，還發生物品突然間動了起來的騷靈現象（Poltergeist，一種超自然現象）。更特別的是，愛丁堡城堡裡有寵物墓園，可能是因為蘇格蘭連隊的明星犬等狗狗於此處長眠，亦傳出有人目擊到黑狗的幽靈在墓地遊走的消息。

除了敲槌聲與俘虜痛苦的呻吟聲外，只聞其聲不見其影的現象似乎特別多。根據看守城堡的人員回報，入夜後會聽到呼喚士兵們上戰場的鼓聲，或是某個看不見形體的東西吹奏笛子發出的聲音，還有從空無一人且上鎖的建築物中傳出敲門聲等等。

關於有聲無形的幽靈傳聞，最廣為人知的莫過於從地下通道傳出的風笛

（Bagpipes）聲。17世紀時，從愛丁堡城堡通往市中心的祕密隧道被人發現。據聞位置就在連結愛丁堡城堡與荷里路德宮的皇家一英里（Royal Mile）正下方，由於通道十分狹窄，無法容納一群人入內進行調查，只能指派一名年輕的風笛手走下隧道一邊吹笛一邊前進，再由地面人員依循笛聲來確認路徑。然而在調查的過程中，當風笛手約莫走到皇家一英里一半的地方時，原本從地下隧道傳來的風笛聲卻嘎然而止。救援隊隨即前往地下查看究竟發生了什麼事，卻遍尋不著這名風笛手的身影。不知消失於何處的風笛手，據傳他的幽靈至今仍在地下通道四處徘徊，而在車流量少、較為寂靜的日子，據說能聽到從地下傳出的風笛聲。

怪異現象頻傳的愛丁堡城堡，自然吸引了想以科學手法釐清真相的科學家。2001年，作為愛丁堡國際科學節活動的一環，心理學家李察·韋斯曼（Richard Wiseman）博士著手進行了長達10天的大規模調查。原為職業魔術師的韋斯曼博士對超自然現象抱持著懷疑的態度，力圖以科學手法查明真實原因並進行研究，是一位舉世聞名的科學家。博士從來自全球的觀光客中，慎重地挑選出對愛丁堡城堡的幽靈沒有半點概念的報名者，集結成一支多達２００人的志工調查團，前往城堡一探究竟。除了攝影機外，調查員們還配有紅外線熱影像儀，可補捉溫度、空氣變化以及感應磁場變化的感測器等裝備，並以地牢為中心在城堡內進行查勘。在這10天的調查中，博士將過去曾有幽靈出沒的場所，以及沒有任何問題、杜撰的鬧鬼空間交叉安排來進行調查，結果有半數的調查員表示，在調查過程中目擊到人影、肌膚出現燒灼感、莫名感受到視線、覺得背脊發冷，或是被看不見的某種東西觸摸、拉住衣服等，體驗到各種超自然現象，但是原因不明。韋斯曼博士對幽靈的存在持否定態度，他主張調查員的這些體驗，大多是置身於不熟悉的環境所引發的不安與恐懼這類心理反應所造成的。然而博士也承認，「這些調查員對這座城堡沒有任何概念，但幾乎所有人都不是在杜撰的鬧鬼空間，而是在據傳有幽靈出沒的地方體驗到超自然現象」，他並表示「這個結果的確耐人尋味」。

在這項活動結束２年後的２００３年，從事城堡修復工程的建築工人被拿破崙戰爭時代的俘虜幽靈搞得雞犬不寧。在施工過程拍攝的照片中，有好幾張皆捕捉到工人們的頭上浮現綠色光球的景象，據聞他們甚至拒絕單獨一人在城堡內作業。

即便已進入21世紀，在愛丁堡城堡目擊到幽靈的消息仍從未斷過。

DATA

愛丁堡城堡小檔案

Edinburgh Castle

愛丁堡是面向北海的蘇格蘭的歷史文化大城。其核心為聳立於堡丘※（Castle Hill）上的愛丁堡城堡，並以城堡東側延伸出的大街為中心形成市鎮。大街東側的盡頭則建有當時被當作王宮使用的荷里路德宮。

愛丁堡城堡在蘇格蘭國王大衛一世（1084左右－1153）執政期間成為王宮。坐落於堡丘高地的聖瑪格麗特禮拜堂亦於此時期興建完成，這是城堡中現存最古老的建築物。這座禮拜堂相傳是由國王大衛一世的母親，於1250年封聖的女王瑪格麗特（1045左右－1093）所建造，因而冠上女王之名。1174年，綽號獅子的蘇格蘭國王威廉一世（1143左右－1214）遭到英國國王亨利二世（1133－1189）打敗，基於講和條約，愛丁堡城堡遂被奪走，直到1186年為止皆歸屬英格蘭。後來交還給威廉一世當作結婚賀禮，直到

1214年皆為蘇格蘭的政治中心。

1296年，英國國王愛德華一世（1239－1307）舉兵進攻蘇格蘭，使用投射武器3天3夜不間斷地猛烈攻擊，成功攻下了愛丁堡。隨後並派遣300名英格蘭軍駐紮此處，但在1314年，蘇格蘭國王羅伯特一世（Robert Bruce，1274－1329）的姪子，第一代馬里伯爵湯瑪斯・倫道夫（Thomas Randolph）率領30名精兵發動奇襲戰，成功奪回城堡。相傳他為了避免這座城堡再度落入英格蘭手中，除了聖瑪格麗特禮拜堂之外，幾乎將所有建築物破壞殆盡。

1333年，英國國王愛德華三世（1312－1377）再度進攻蘇格蘭，順利攻克愛丁堡之後進一步進行城堡強化工程，但是在1341年又被蘇格蘭奪回。接著自1356年至1370年代，布魯斯之子大衛二世（1324－1371）推動城堡重建工程，並將此處作為自身的據點。

1603年，蘇格蘭國王詹姆斯六世以詹姆斯一世的名義登基為英國國王後，兩國遂由同一位君王統治。愛丁堡城堡再度受到關注並進行重建工程。現存的許多建築物都是在此時代之後興建而成的。

※ 堡丘是這一帶的要衝，自鐵器時代以來便建有丘堡（Hill Fort）。據傳在11世紀時於此處建造中世紀堡壘，而更早之前，至少在1140年時便已存在幾座大規模的木造建築物。

愛丁堡城堡的平面圖（17世紀時）

連結愛丁堡城堡與荷里路德宮的皇家一英里。吹著風笛的幽靈至今仍在地下通道四處徘徊。

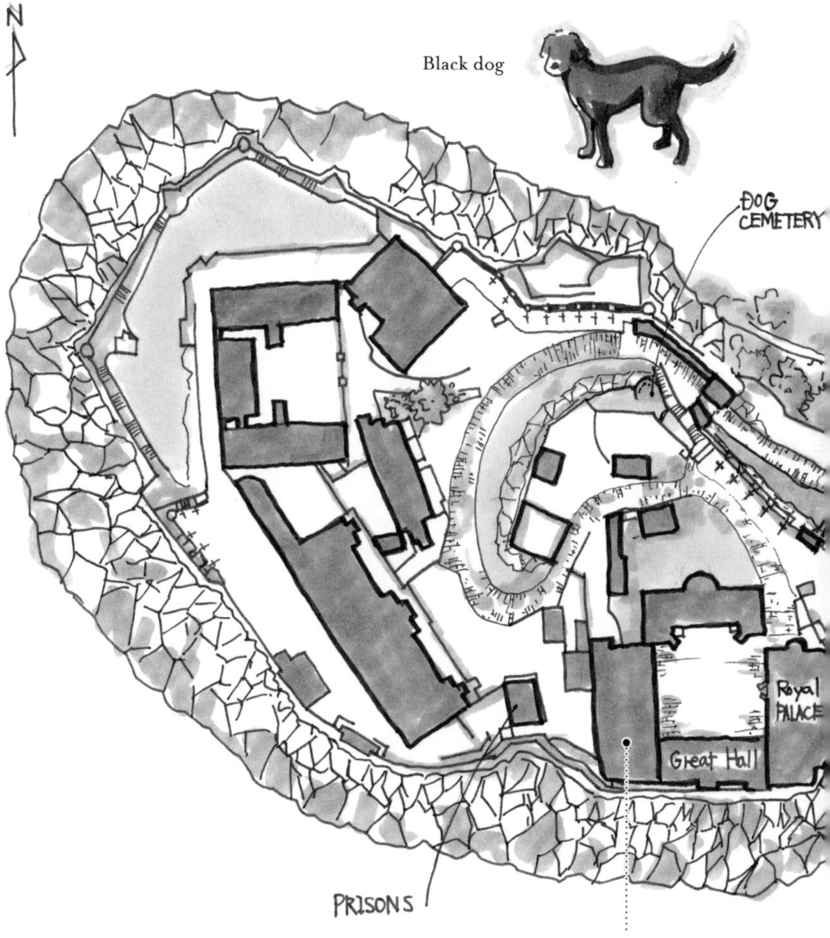

自英國內戰（清教徒革命）後王政復辟的1660年至1923年，一直都有守備隊駐紮於愛丁堡城堡。19世紀亦進行了保存修復工程，新增的建築物也於焉問世。這些建築幾乎皆出自法國移民後裔——愛丁堡建築師伊波利特・尚・布朗（Hippolyte Jean Blanc，1844–1917）之手。1923年以降轉作軍事監獄，後來設立了好幾座軍事博物館，直至今日。

CORFE CASTLE

The HAUNTED CASTLE Case 10

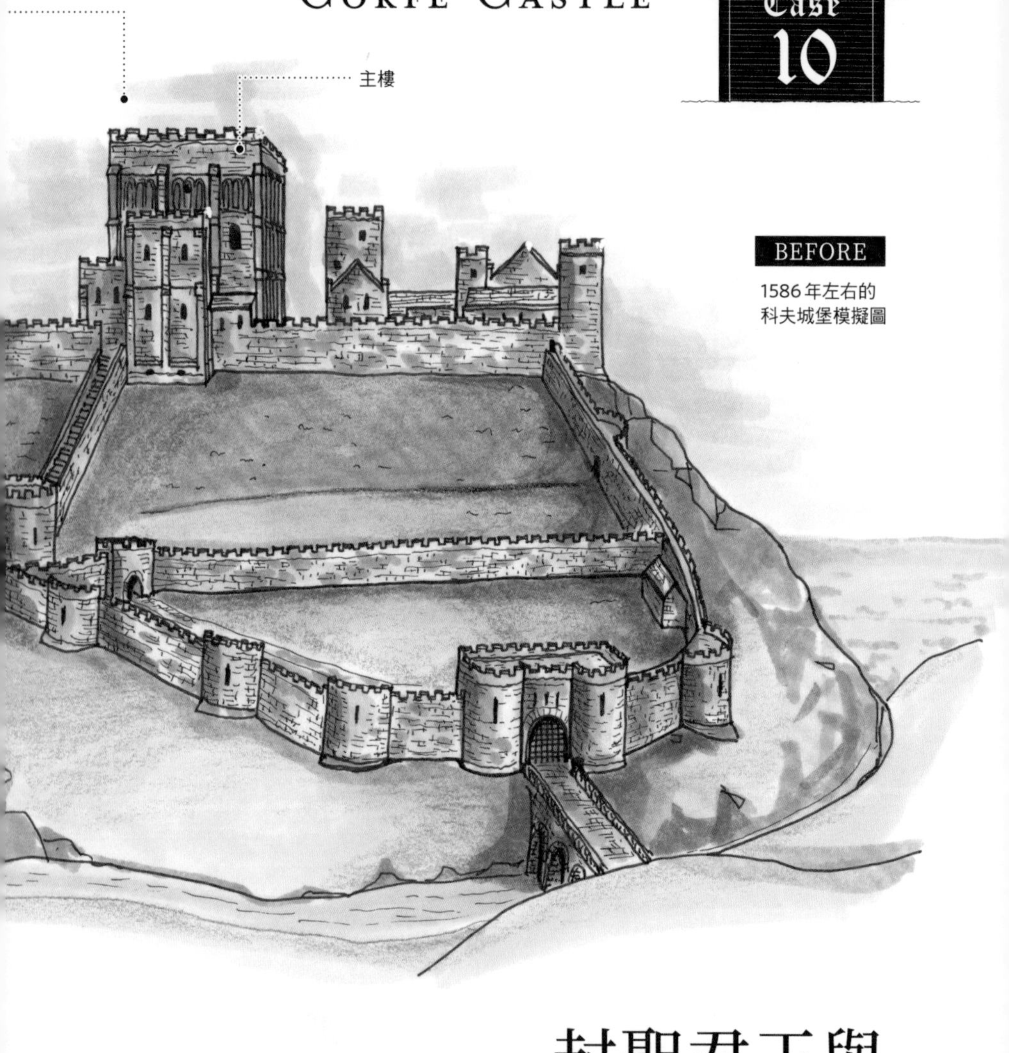

BEFORE

1586年左右的科夫城堡模擬圖

封聖君王與英國最惡名昭彰的君王傳說

科夫城堡在17世紀中葉的英國內戰（清教徒革命）時，成為保王黨與議會派激烈交戰之地，支持查理一世（1600–1649）的班克斯家族克盡城主職守保住這塊土地。其中尤以法務部長約翰・班克斯（John Bankes）之妻瑪麗（1598–1661）在兩度遭到圍城時奮戰不懈的事蹟，最廣為人知。然而，這座城堡最終因為自家人向敵方倒戈而被攻陷。之後，議會派在韋勒姆（Wareham）決定毀棄科夫城堡。當時是派工兵挖洞裝填炸藥進行爆破，因而形成如今所見的廢墟。

從前的王宮廢墟被稱為「Gloriette」（建於地勢較高之地，類似涼亭的建築）。城堡被攻陷後曾短暫被接管，但沒多久後便歸還班克斯家族，直至今日。

NOW 科夫城堡現今外觀

科夫城堡坐落於英格蘭西南部多塞特郡（Dorset）的半島波白克島（Isle of Purbeck），自盎格魯薩克遜時代便是供王侯貴族使用的城堡，雖然在諾曼征服時遭到破壞，之後於11世紀，由建立諾曼王朝的當今英國王室始祖征服者威廉（1027左右－1087）著手重建（歷經英國內戰，現已成為廢墟）。

這座城堡興建於易守難攻的地點，在戰略上也備受重視，長達好幾世紀成為權力鬥爭的舞台。像這樣的地方總是伴隨著腥風血雨的過去。其中最為有名的是，相傳於978年※1在此慘遭殺害的殉教者愛德華的傳說，以及將這座城堡定為王宮的約翰王※2各種暴虐的行徑，這裡亦傳出許多與這2人相關的幽靈目擊消息。

而最古老的幽靈故事當屬與殉教者愛德華有關的傳說。

相傳愛德華的繼母艾爾芙里達（Elfrida）王后圖謀讓自己的親兒子登上王位，而於978年命人在科夫城堡殺害愛德華※3。預定到附近森林獵鹿而造訪科夫城堡的愛德華，在城門前接下艾爾芙里達王后的僕從送上的接風酒，在他拿起高腳杯飲用時，卻冷不防被人從背後刺殺。

※1 長年以來皆被認為發生於979年，如今則以978年的說法為主流

※2 1167－1216（在位1196－1216）。英國金雀花王朝君王，由於未獲得父親亨利二世賜予領地，而被稱為「無地王」

※3 生年不詳，相傳10幾歲時成為君王，亦於10幾歲時死亡

愛德華旋即策馬奔逃，但因為體力不支而墜馬，掉入流經城堡旁的河川裡。相傳他的遺體被王后的手下找到並藏了起來，之後被丟棄在水井裡，另一個版本則是被埋在溼地。無論哪一種版本，結果都是愛德華的家臣在搜尋下落不明的君王時，看到水井溢出神祕的光芒，抑或濕地乍現光柱，將搜索人員帶往愛德華葬身之處，從而找到遺體。這項傳言迅速傳播開來，坊間開始流傳愛德華掉落的小河具有靈驗的治療效果。主張愛德華的遺體被丟進水井的版本，則稱喝下這座水井的水能夠治癒疾病；主張愛德華的遺體被埋在溼地的版本，則稱濕地冒出了湧泉。當然這泉水也具有療效，兩者皆被稱為「愛德華之泉」。

980年2月13日，由於愛德華的遺體在韋勒姆被發現，因而被運往當地的教堂埋葬，但遺體接連引發各種奇蹟，遂在一年後被遷葬至距科夫城堡30英里遠的沙夫茨伯里修道院（Shaftesbury Abbey），而且相傳遺體出土時一點都沒有腐壞。之後亦陸續傳出各種奇蹟，像是一名不良於行的男性靠近愛德華的棺木後突然能行走自如、墳墓騰空而起等，愛德華因而被封為殉教者，帶動修道院成為朝聖地。相傳接替愛德華繼位的弟弟埃塞爾雷德※4（Æthelred，他在愛德華遭殺害時年僅10歲，與兄長遇害一事無關，相傳兄弟倆感情和睦）聽聞這些奇蹟後，遂將愛德華的遺體與遺物奉為聖髑納棺，並安置於更合適的場所。

這在之後，兩人一起牽著背上馱著屍體的馬匹前往沙夫茨伯里修道院的身影，長達好幾世紀被許多民眾目擊。此外，雖然不確定是否為殉教者愛德華的鬼魂，但自暗殺事件發生後，城堡下方的山丘便會傳來陣陣的馬蹄聲。據說會聽到馬匹逐漸接近的聲響，卻不見任何馬匹蹤影。起初看到這些故事時，只覺得即使是封聖者也會化作幽靈，實在令人感到不可思議。而且在弟弟登上王位不久後，愛德華的鬼魂便出現在科夫城堡，控訴「自己是被繼母艾爾芙里達王后所殺」。這個消息隨即傳開，有一說主張艾爾芙里達王后與兒子埃塞爾雷德因為這樣而未能獲得人民的支持。但這畢竟是發生於10世紀的事，再加上是繼母殺害國王的惡行，更不可能留下任何紀錄，因此無從考證，但若真的是因為幽靈的控訴而引發傳聞，並對日後埃塞爾雷德的統治造成影響的話，也未免太厲害了（如今一般認為艾爾芙里達王后的惡女傳說是被杜撰出

※4
968左右－1016（在位978－1016）。英國威塞克斯王國君王

來的，因此可信度不高）。

王后所居住的這座宮殿被諾曼人拿下後，於1090年重建，成為王室五大城堡之一。在13世紀增建這座城堡並作為王宮的約翰王，是歷史上最惡名昭彰的英國國王。由於他聲名狼藉，在他之後甚至沒有任何英國君王承襲「約翰」之名。約翰王與侄子（前任君王的兒子）亞瑟爭奪王位，在交戰過程中殘忍地對待成為俘虜的貴族，把他們關在地牢裡活活餓死。一般認為當時的西歐，在政治方面並不允許貴族互相殘殺，因此約翰王的行為在當時可謂離經叛道。在中世紀，把人關在監獄裡活活餓死的處刑方式著實罕見。曾做出這種事的國王除了約翰王之外，頂多只有查理一世而已，但約翰王不只在爭奪王位時這麼做，而是接二連三地讓俘虜活活餓死。

約翰王將22名法國騎士（因與約翰爭奪王位而對立的前任君王之子亞瑟，在法國的王宮長大，法國國王菲利普二世是其監護人）關入城堡的地牢裡，不給他們水和任何食物，把人活生生餓死的故事相當有名。據傳如今仍能從地牢的牆壁聽到他們的聲音。然而在英國爆發內戰之際，這裡也關押了謀反的英國人，由於曾被囚禁在這座城堡的人數實在太多，無法確定這些聲音是由誰發出的。

有報告指出在科夫城堡的附近，以及城堡腹地內的小屋中會聽到孩童的哭泣聲。有部分文獻記載，哭聲的主人應該是死於地牢的被害者之一——從前曾備受約翰王寵愛，某天惹得龍心不悅而逃亡的第4代布蘭伯勳爵（Lord of Bramber）威廉・德・布勞斯（William de Braose）的孩子。

布蘭伯勳爵的妻子與長子先是遭到逮捕，被囚禁於溫莎城堡，後來移監至科夫城堡的地牢，慘遭餓死。相傳在地牢中逐漸死去的兩人所發出的哀嚎聲，穿透石牆響遍整座城堡。布蘭伯勳爵則逃至法國，至於惹得龍心不悅的原因依舊不明。有人說是因為他簽署了限制王權的《大憲章（Magna Carta）》而遭到約翰王報復，然而《大憲章》上並沒有布蘭伯勳爵的簽名。另一說則主張有關當局對外聲稱，亞瑟是因為淪為俘虜灰心喪志而自殺，但其實是被約翰王以殘虐無道的方式殺害，而布蘭伯勳爵是知曉此事的少數人之一，抑或布蘭伯勳爵夫人在人前說出這件事才遭到滅口，但至今尚無定論。

然而，哭聲的主人是布蘭伯勳爵的長子威廉的說法令人存疑。威廉死亡時的年齡眾說紛紜，據信布蘭伯勳爵之妻莫德（Maud，又稱瑪蒂爾達Matilda）入獄時為54～55歲，威廉當時已結婚還有孩子（他的妻小也被關進監獄，後來獲釋）。從這項事實來看，威廉入獄當時應該已非幼童才是。研判孩童的哭聲應是其他犧牲者所發出的。再者，遭約翰王拘捕的布蘭伯勳爵一家，不光只有夫人與長子，或許也有幼童牽連受罪，其所發出的哀叫聲或哭聲化為永恆的恐怖記憶留在這個空間也說不定。據傳布蘭伯勳爵之妻的亡魂會出現在他們生前所居住的布蘭伯城堡。此外，除了科夫城堡外，他們也曾被關押於溫莎城堡的地牢，不過這裡從未傳出有他們的鬼魂出沒的消息。

自約翰王的時代過了400多年後，在英國內戰（清教徒革命）之際，科夫城堡成為當時的持有者，隸屬保王派（反政府勢力）的班克斯家族據點。城堡在1643年與1645年遭議會派包圍，受到猛烈的攻擊。在2次的圍城戰中，班克斯家族於1643年成功守住這座城堡，但在1645年第2次圍城戰時，因內部有人倒戈，導致城堡淪陷而遭到爆破。如今透過國民信託對外開放參觀的部分，就是在那時遭受破壞的城堡殘骸。

因這場戰役而變得殘破不堪的科夫城堡經過幾年後，開始有人在城堡內與附近目擊到身穿白衣的無頭女子。最多人目擊到的情況是，女子出現在入口處附近，接著憑空消失，有時則是走在胸牆上。據說看見她的人會突然感到一陣寒冷，這股寒意會一直持續到她消失為止。

被稱作白衣女士的這名幽靈，她的真實身分成謎。有一說認為她是在圍城戰時，代替奉王命被派往約克的夫婿（後來死亡）指揮士兵防守城堡的班克斯夫人＝瑪麗・班克斯，然而她並非在此殞命（城堡在1646年2月遭到破壞，而她活到1661年），也未遭到斬首。也有一說主張這是招致班克斯家族敗北與城堡毀滅的叛徒鬼魂，不過並沒有任何紀錄記載臨陣倒戈、接應議會派者為女性。重點是這名幽靈沒有頭，根本無從得知究竟是何人。

再進一步往前回溯，也有人說她是在13世紀時遭約翰王軟禁的布列塔尼的埃莉諾[※5]。相傳美得不可方物的布列塔尼公爵之女埃莉諾，擁有「布列塔尼美少女（Fair Maid of Brittany）」、「布列塔尼精靈」的封號，在弟弟亞瑟與約翰王爭奪王位失利而被殺後，由於她亦具有王位繼承權，因而在1203年

※5 Eleanor of Brittany 1182／1184－1241。布列塔尼公爵的女兒

被關進這座城堡，直到1241年過世前，她被軟禁在科夫城堡將近40年的歲月。相較於亞瑟遭到殺害、支持亞瑟奮戰到底的法國士兵被關在城堡地牢慘遭餓死的遭遇，她被安排住在特別裝潢過的豪華房間，還有華服可穿，受到極大的禮遇，但不被允許結婚生子，終生被困在這座城堡。她是英國歷史上被拘禁最久的王族，的確很有可能化為幽靈現身，若白衣女士真的是她，那麼無頭的情況更是費人猜疑。前面提到有一說認為白衣女士是餓死獄中的布蘭伯勳爵之妻，但這項主張也讓人留下同樣的疑問。

我的推測是，有沒有可能是白衣女士的幽靈現身時低垂著頭，從某些角度看過去就好像沒有頭的緣故。因為無論是住在科夫城堡的人或囚犯，皆找不到有關女性被刎首的紀錄。其他像是入夜後，科夫城堡的腹地內會有到處閃現的小光點，長年來已數度被民眾目擊，據傳這有可能是為守城而戰死的保王派士兵的鬼魂。此外，即便現在已化作廢墟並轉變為觀光景點，但城堡入口處附近的國民信託茶館有幽靈出沒、炸毀城堡的議會派士兵的鬼魂會出現在商店庫房（商品倉庫）之類的靈異消息，依舊不曾間斷過。

DATA

科夫城堡小檔案

Corfe Castle

科夫城堡是諾曼王朝首位君王征服者威廉一世（諾曼第公爵紀堯姆二世，Guillaume II，1027-1087）在位期間興建的，是一座被稱為Motte-and-bailey的城寨堡壘。「Motte」是代表小丘的古法語，「bailey」是指以圍牆或柵欄圈圍起來的防禦陣地。Motte為築城時的中心，Donjon則建於其上。Donjon為古法語，意指成為最後一道防線的主樓，後來英語則稱之為Keep。當時會將防禦陣地設置於小丘周圍藉以鞏固堡壘的防禦力。在科夫城堡，小丘當初具有石造圍牆，不過位於王宮外側的防禦陣地似乎只以木柵欄環繞而已。

諾曼人著手築城之後，原本為木造的主樓，最後被更換成石造的牢固構造體，諾曼人從法國北部引進的石造堡壘對被征服者起了很大的壓制作用。科夫城堡的主樓也是其中一例，征服者威廉一世之子，諾曼王朝第3任君王亨利一世（諾曼第公爵亨利一世，1068－1135）在55公尺高的山丘上，建造21公尺高的石造主樓，形成了居高臨下的正宗堡壘。同時，另以石造圍牆圈圍部分位於外側的防禦陣地，劃分成3等分，並在其中東南防禦陣地的東南端增建石造城門。13世紀初葉，西側的防禦陣地亦設置了石造圍牆與塔樓，小丘的主樓東側則興建了新王宮。13世紀後半，東南邊的外防禦陣地也運用石造圍牆和塔樓環繞，更進一步加強了防禦力。

科夫城堡的平面圖（1586年左右）

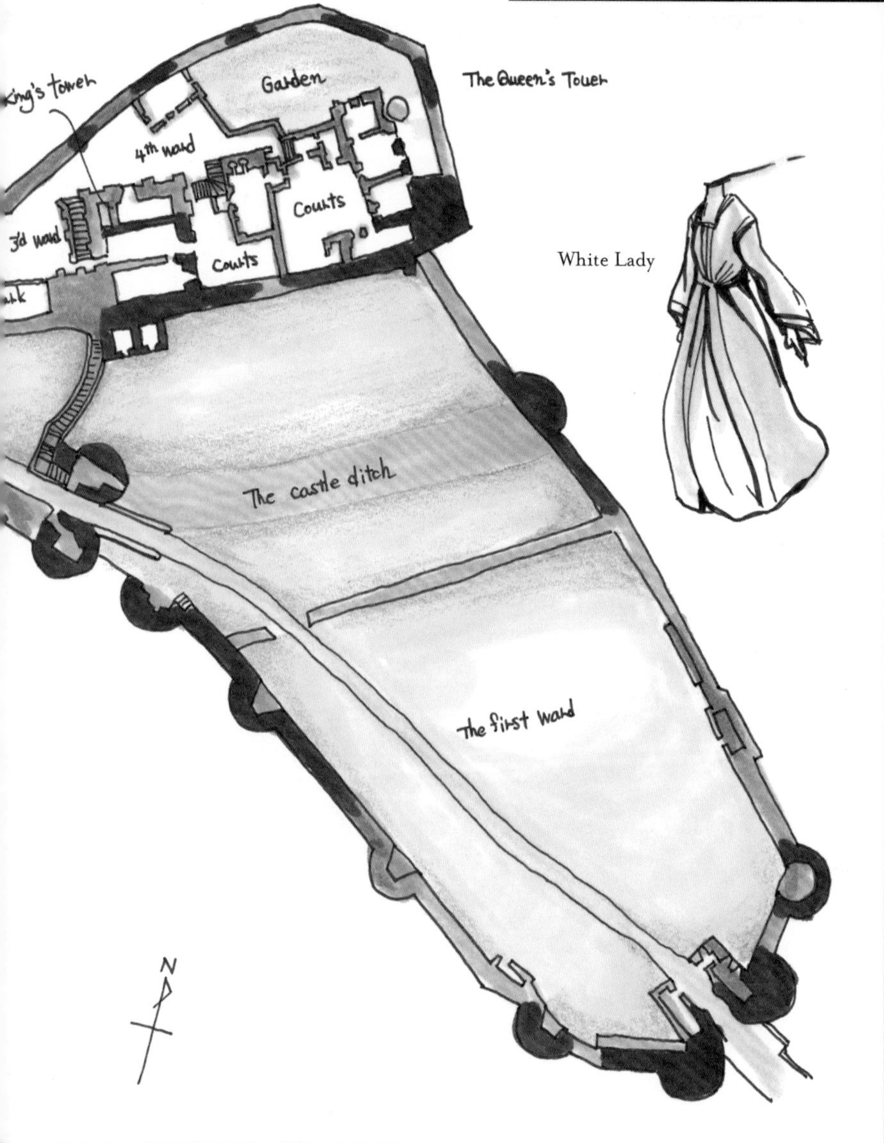

16世紀時的外觀

現存部分

Lady of Bramber

Edward the Martyr

位於城堡入口處附近的國民信託茶館

CHILLINGHAM CASTLE

The HAUNTED CASTLE Case 11

人氣觀光景點的血淋淋歷史

奇靈漢城堡的平面為環繞著中庭的口字型結構，正面入口設於北翼棟中央。這個正面入口具備了早期英格蘭文藝復興建築的特徵。採用構成古希臘、羅馬神殿建築外觀的圓柱與橫架材，以古典主義柱式的柱體（Column）與柱頂（Entablature）打造出3層規模的設計。然而，各層的柱式比例無法稱之為正確。

奇靈漢城堡現今外觀

城堡最上方如今仍存在著完整的鋸齒狀垛牆（battlement），4個角落則配置著厚重的塔樓，整體呈現出中世紀堡壘的雄渾風格。然而這裡早已不具備中世紀城堡的封閉性。因為近世以降，隨著城堡失去軍事方面的機能，為了讓室內有更充足的光線而逐步設置了大窗。

奇靈漢城堡位於諾森伯蘭郡（Northumberland）北部，鄰近蘇格蘭邊境的奇靈漢（Chillingham）村。這裡在12世紀後半原本是一座修道院，但因為地理位置的緣故，經常被捲入英格蘭與蘇格蘭兩國的紛爭裡，於是領主格雷家族※1在13世紀左右，將其改造為堡壘。現存的城堡建於14世紀，長年以來皆為格雷家族的住所，但是在第二次世界大戰期間遭到徵收，當作兵營使用。城堡在這之後成為廢墟，但於1982年被格雷家族的女婿漢弗萊·韋克菲爾德（Humphry Wakefield）買下，進行修復。他將部分建築物還原重建，呈現出各時代的建築風格，現在則對外開放參觀。城堡官網不但針對觀光客推出專人導覽行程，還能入住於此。賣點當然就是據說會在城堡內出沒的幽靈。

其中最為有名的靈異傳說莫過於藍色男孩（Blue Boy），或是被稱為發光男孩（Radiant Boy）的幽靈。這是一名少年的鬼魂，因為現身時穿著藍色衣服並散發出光芒，因而擁有上述稱號。他會固定出現在城堡內被稱作「粉紅房間」或是「粉紅寢室」的起居室。據說一到半夜12點，就會從厚牆的另一頭傳來哭喊聲，當聲音消失之後，一個身上帶有光環、穿著藍衣的少年鬼魂便

※1 1714年，格雷家的女繼承人嫁給查爾斯·班奈特（Charles Bennett）男爵後，歸班奈特家所有

會出現在室內，並慢慢地靠近住宿者的床鋪。還有人具體指出少年的服裝屬於1660年代的樣式。1920年代，據說在少年的幽靈現身前會傳出哭喊聲的那道牆——正確來說，其實是通往鄰接城牆的塔樓所經過的通道另一頭——有疑似文件的紙張、殘破的藍色碎布，以及孩童的骨骸同時被發現。這名男孩似乎被活埋封死在牆內，可能是為了掙脫而不斷地扒抓牆壁，因此手指的骨頭嚴重磨損。至於其真實身分，以及究竟為何被活埋則不得而知。

重見天日的骨骸被隆重地安葬於當地的墓園，據悉這在之後，藍色男孩便不再現身。然而城堡在經過修復，對外開放後，有關當局又開始接獲有關「粉紅房間」發生怪異現象的消息。據說房間的其中一面牆會閃現藍光（也有人說是有藍色光球在空中飛舞）。下榻此處的房客原以為是照明系統故障而提出客訴，但閃現藍光的牆面並未安裝任何照明設備。

名氣與藍色男孩並駕齊驅，同樣身分成謎的另一名幽靈，則是出沒於糧倉的白衣女士。位於城堡最內側的糧倉，從前是存放保管城主家傳銀食器的地方，並由一名男僕住在這裡進行管理。某個夜裡，在他即將入睡之際，一名身穿白衣且面容慘白的女性走近他，跟他要水喝。男僕以為女子是城主邀請的客人，旋即起身張羅，在他背對女子時突然想到，糧倉有上鎖，其他人不可能從外部進入。當他回過頭時，白衣女子已消失無蹤。據說這名女鬼至今仍會現身。有一說指稱，在英國遭到殺害或自殺的女性，抑或知曉祕密寶藏的存在卻未能說出口即死亡的女性，就會化作白衣女子——以一身白的模樣現身，不斷徘徊直到有人發現寶藏為止。一般認為從討水喝的情況可推測她或許是遭到毒殺，但其真實身分依舊不得而知。

出沒於城堡內，身分明確的幽靈，則是人稱灰衣女士的鬼魂。這個名稱普遍到令人不禁覺得，每座幽靈古堡可能都有這麼一號人物，奇靈漢城堡的灰衣女士是從前住在這裡的瑪麗．柏克萊女士（Lady Mary Berkeley）的鬼魂。她是城主福特．格雷（Ford Grey）的妻子，兩人婚後誕下一名女兒。但才經過短短3年，福特便與瑪麗的親妹妹海莉耶塔（Henrietta，當時剛滿17歲）發展出婚外情，瑪麗的父親柏克萊伯爵（Earl of Berkeley）得知此事後怒不可遏，一狀告上法庭，福特與海莉耶塔相偕逃亡，只剩瑪麗與年幼的女兒兩人相依為命。她在丈夫離家後仍然留在這座城堡生活，後來於1719年31歲時香消玉殞。有相當多的報告指出，她會身穿一襲絲質連衣裙在城堡內四處找尋丈夫，並在走廊上發出沙沙的聲響，聽到這個聲音的民眾表示，當時曾感到一股莫名的寒意。

關於上述這3位知名的幽靈，奇靈漢城主第7代坦卡維爾伯爵（Earl of Tankerville）之妻蕾歐諾拉（Leonore）在1925年所發表的手記中亦有所著墨，書中記載了她在城堡內聽聞與親身經驗過的各種幽靈故事（她未曾使用白衣女士、灰衣女士這類稱呼，並以「人稱發光男孩的幽靈」來介紹藍色男孩）。糧倉的白衣女士向男僕討水喝的故事，據悉是蕾歐諾拉的公公在世時所發生的事。她在手記中亦描寫了各式各樣的幽靈，真不虧是實際住過城堡才能寫出的經驗談，每篇故事皆活靈活現，比方說，每晚必定會從肖像畫中偷溜出來，在城堡內四處閒逛的幽靈女士，很有經典鬼故事的風格，十分有趣。

另一方面，提到奇靈漢城堡，最為人知的就是1298年愛德華一世※2與蘇格蘭大名鼎鼎的「勇者之心（Braveheart）」威廉・華勒斯※3（William Wallace）

※2 1239－1307（在位1272－1307）。英國金雀花王朝君王

※3 1270左右－1305。騎士，蘇格蘭國民英雄

交戰前，曾經下榻此處。之後在1344年，自愛德華三世[※4]批准將這座城堡建為要塞堡壘以來，這裡遂成為蘇格蘭用來保家衛國的第一道防線，背負著道不盡的血淋淋歷史。舉凡地牢、用來把捕獲的敵軍扔往地牢的暗門，以及有名的酷刑室，皆極具象徵性。據聞這座酷刑室有俗稱「英國最凶殘的幽靈」約翰・塞奇[※5]（John Sage）的鬼魂出沒。他原本是軍人，自從腿受傷無法上戰場後便成為城堡的處刑人，相傳在他任內3年以無比殘忍的方式刑求、殺害了數千名蘇格蘭人。

話說塞奇與位高權重的軍人之女交往，他也曾將這位情人帶到酷刑室幽會。居然有辦法在蘇格蘭人被虐殺的地方開心約會，不禁令人疑惑該名女性的神經究竟有多大條。塞奇在拷問台上大展雄風，最後卻玩過頭，失手用皮繩將情人勒斃。在女方父親的施壓之下，塞奇最後在城堡中庭被處以絞刑。當千夫所指的塞奇被吊起後，尚未斷氣的他便被前來觀刑的人們用刀劃向身體。死得如此淒慘，根本不可能安息。塞奇的鬼魂會在中庭四處徘徊，當然也會出現在地下的酷刑室。還有消息指出，他會搖著刑具並發出咆哮聲——

※4 1312－1377（在位1327－1377）。英國金雀花王朝君王

※5 以「跛腳」或「蘇格蘭屠夫（Butcher）」的別名而廣為人知

拉扯拷問台的繩子。莫非事到如今，他仍然想救回情人嗎？無論是塞奇或他的情人，兩人都未察覺到一切為時已晚，無法挽回。

在城堡的參觀行程中也能親眼一覽酷刑室，那裡展示著塞奇所愛用的刑具，然而，對外開放的這個房間並非實際進行拷問的地方。真正的酷刑室位於現已改建為餐廳的空間正下方，因為「危險」而被封鎖起來。據說是在這裡進行過招魂儀式後才做出封鎖的決定，但具體發生了什麼事則不得而知。

被稱為「愛德華的房間」的場所，也有不遜於酷刑室的恐怖傳說。在英格蘭與蘇格蘭之間的戰爭結束後，英格蘭並未釋放倖存下來的俘虜，而是在中庭升火將這些人活活燒死，年幼的孩童們雖然逃過一劫，卻被迫觀看大人們遭火焰吞噬的過程。他們被帶回城堡之後，接著就在愛德華的房間遭到斬首，為的就是杜絕後患，避免他們長大後復仇。有關當局也曾接獲靈異現象報告，有民眾表示在這個房間聽到了幽靈的聲音。

不只在建築物內部，也有人在城堡中庭目擊到幽靈。除了先前提到在中庭被處刑的約翰·塞奇外，還接獲許多民眾通報，曾撞見修道士的鬼魂。起初看到這段敘述時，我本來以為應該是這座城堡從前是修道院的緣故，但中庭有好幾棵用來執行死刑的樹木，其中有些囚犯是被倒吊在樹上，慢慢被折磨至死，住在附近修道院的修道士們於心不忍，偷偷將這些人從樹上放了下來，卻被士兵發現，最後這些修道士也被吊死，讀到後續發展令我感到心情沉重。化作幽靈現身的，應該是這群不幸犧牲的修道士吧。

蕾歐諾拉並未在手記中提及這些歷經悲慘遭遇的幽靈們，但她當然知曉城堡的陰暗歷史。她在手記中提到地牢的牆壁留有俘虜所造成的傷痕，並闡述歷史悠久的場所總是伴隨著幽靈，無論他們生前是怎麼樣的人，死後應該不至於對人造成危害，因此無須耿耿於懷。這或許就是面對幽靈該有的正確心態。

據說許多造訪奇靈漢城堡的人，都曾經體驗到一些不可思議的現象，例如看見人影、聽到腳步聲或細語聲、手臂被觸摸等等。還有很俏皮的怪異現象，有訪客表示聽到2名男性的交談聲，卻不見他們的人影，正打算仔細聽他們在說什麼時，卻又突然聽不見任何聲音。在城堡出沒的幽靈並不見得全都很友善，不過有惡靈出沒的地方已遭到封鎖，應該是可以安心地參與幽靈之旅。只不過據悉智慧型手機等電子用品，即使是完全充飽電的狀態，在城堡內不知為何就是會迅速掉電，必須加以留意。

DATA

奇靈漢城堡小檔案

Chillingham Castle

奇靈漢城堡的前身為修道院，後來成為對蘇格蘭作戰的軍事據點，並於1344年轉變為正統的堡壘。之所以說「正統」則是因為城堡獲得英國君王愛德華三世（1312-1377）的許可，得以設置鋸齒狀垛牆（battlement）的緣故。胸牆（parapet）是一種防護牆，用來保護置身於城牆上方通道的士兵得以躲過敵軍的箭矢等武器。設有槍砲射口可用來對敵軍發射箭矢的這種胸牆，就稱之為「垛牆」。垛牆是領主權威的象徵，後來就連不具備軍事機能的領主宅邸或是市政廳等非軍事建築也開始當作裝飾使用。

自1344年以來，奇靈漢城堡由格雷家族、姻親班奈特家族、韋克菲爾德家族接棒傳承。格雷家在百年戰爭期間的1419年攻克法國諾曼第的坦卡維爾，因而獲得坦卡維爾伯爵的頭銜。諾曼第的坦卡維爾領地雖已不復存在，但伯爵稱號則延續至現代。奇靈漢城堡因地處英格蘭北部的要衝諾森伯蘭，而有許多英國君王造訪。最早是在1245年，亨利三世（1207-1272）親臨此地，後來則有愛德華一世、詹姆斯一世、查理一世，近代以降，愛德華八世也曾造訪此處，現代仍維持著這項傳統。

這座中世紀堡壘如今仍然保存得宜，蘇格蘭國王詹姆斯六世登基為英國君王詹姆斯一世時，為了接受加冕曾順道造訪此處並增建藝廊。18世紀時，由園林設計大師蘭斯洛特．「萬能」．布朗（Lancelot Capability Brown，1715／1716-1783）著手打造被稱為英式庭園或是風景式庭園，宛如風景畫般的庭園景觀。被譽為18世紀英國代表性建築師與室內設計師的羅伯特．亞當（Robert Adam，1728-1792）亦在東翼棟留下了傑作。這座城堡於19世紀以降仍然不斷增修改建。因經手溫莎城堡整修而家喻戶曉的傑佛瑞．亞特維爾（Jeffry Wyatville，1766-1840）也為了王室成員來訪而修建庭園與園內道路。1832年，剛於2年前登基即位的法國國王路易．菲利普一世（Louis Philippe I，1773-1850）親臨造訪，並贈予羅浮宮的裝飾甕。

奇靈漢城堡的平面圖（17 世紀左右）

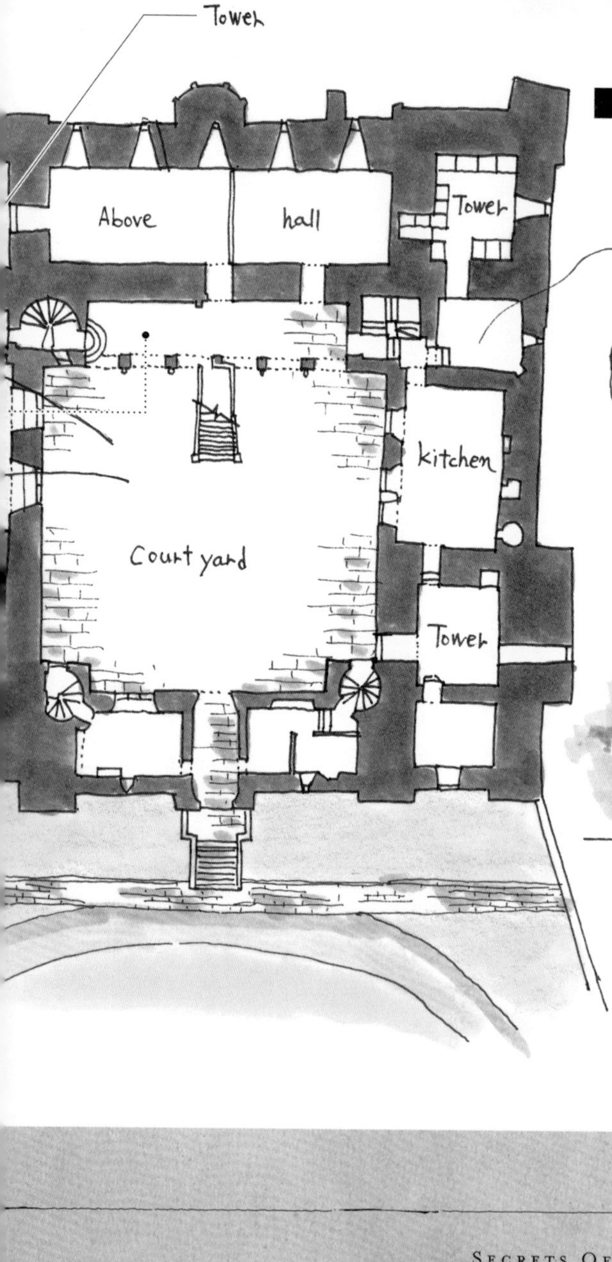

White Lady

Blue boy

中庭對面有通往南翼棟2樓的室外樓梯，南翼棟1樓中庭側則設有涼廊（Loggia）。涼廊是指利用拱廊（Arcade）和列柱與外部空間做出區隔的部分，被屋簷所覆蓋，對外則形成開放空間。南翼棟2樓有大廳，藉由配置於南側立面中央的半八角形突出部分來增添活潑氣息。

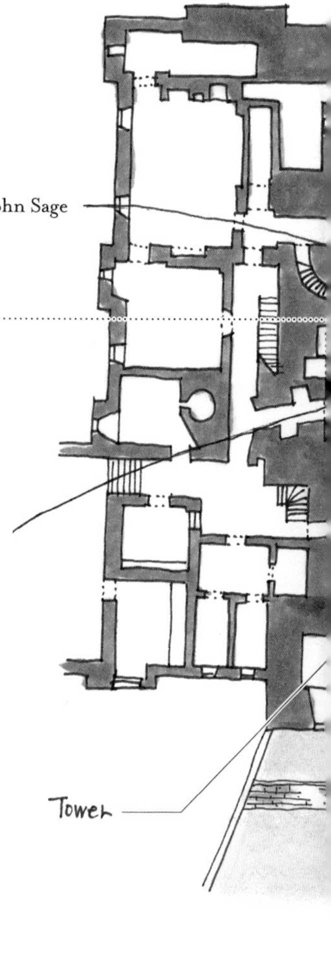

每晚固定會從肖像畫中開溜，
在城堡內漫步的幽靈女士。

The HAUNTED CASTLE Case 12

不分晝夜皆能遇見幽靈的貝利・波默羅伊城堡

BERRY POMEROY CASTLE

進入17世紀之後，愛德華・西摩二世（Edward Seymour，1563左右–1613）規劃進行大規模擴建。新增了伊莉莎白一世樣式的3層樓東棟、詹姆斯一世樣式（Jacobean）的3層樓北棟，同時設置大型樓梯與藝廊，而且也開始增建西棟。

若西棟竣工的話，整體風格將與原本被選作軍事據點的狀態格格不入，應該會呈現出宛如宮殿般雄偉的豪宅外觀。城堡的天際線將由遮蔽屋頂的裝飾用鋸齒狀垛牆（battlement）主宰，展現出領主宅邸的威嚴。然而，1611年6月業主（愛德華・西摩二世）因資金周轉困難而導致工程停擺。他在7月購入從男爵爵位，成為第1代貝利・波默羅伊從男爵，1613年4月在他過世後，西棟就在未完成的狀態下被長期擱置。後來在1700年完全放棄建設，逐漸變成廢墟。

貝利・波默羅伊城堡現今外觀

英國有好幾座被喻為鬧鬼最凶的城堡，貝利．波默羅伊城堡也是其中之一。這座城堡建於英格蘭德文郡（Devon）的佩恩頓（Paignton）郊區，12世紀初葉，諾曼人侵略英格蘭之際，拉爾夫．德．波默羅伊（Ralph de Pomeroy）獲得征服者威廉賜予土地作為獎賞，遂在此建造宅邸。當時的規模似乎還不足以被稱為城堡，而在這之後的400年，波默羅伊家皆以此處作為居所。

進入15世紀中葉後，這裡逐漸轉作堡壘，後來被湯瑪斯．波默羅伊賣給薩莫塞特公爵（Duke of Somerset）愛德華．西摩（愛德華六世之母珍．西摩的兄長）。愛德華．西摩過世後（1552年被處刑），他的兒子遂將城堡改建為文藝復興樣式，但進入1700年代後旋即放棄未完的工程（相傳是因為被雷擊中而毀損，但現存的廢墟看不出遭雷劈的痕跡），長年以來逐漸為人所遺忘。如今這座城堡仍為西摩家所有，不過實際上是棄置不管的狀態，自1977年起，由英格蘭遺產委員會[※1]接管並進行修復作業，還推出了搭配語音導覽的參觀行程，轉型成為觀光景點。

貝利．波默羅伊城堡留下了許多有關幽靈的傳說，其中最為古老的應屬

※1 English Heritag 維護與管理英格蘭的遺跡、建築物的非營利組織

「波默羅伊的跳躍」，這是由波默羅伊家2位年輕的兄弟所譜出的故事。波默羅伊家族長達400年來皆居住於這座城堡，但愛德華六世於1549年以波默羅伊家族參加宗教改革為由，下令接管城堡。波默羅伊家的兩兄弟不服王命，在城堡被包圍時，雙雙穿著鎧甲騎馬登上城牆，接著蒙住馬匹的眼睛從城牆上一躍而下，摔落在奉命拘捕兩人而包圍城堡的軍隊腳邊。這就是「波默羅伊的跳躍」此一傳說的全貌，不過沒有任何可以證明實際上曾發生過這件事的歷史資料或證據留存下來。即便如此，有多名參觀城堡的觀光客表示聽到尖叫、馬嘶與東西摔落之類的聲音。2018年也有一群年輕人在晚上造訪城堡拍照時，拍到了馬匹與兩兄弟的身影，還登上了網路新聞。在此目擊到幽靈的消息至今仍未間斷。

比波默羅伊兄弟和可憐的馬兒更出名的，則是名為白衣女士與藍衣女士的幽靈。她們有時會被搞混，卻是截然不同的兩個人。

被稱為白衣女士的幽靈，在城堡內的聖瑪格麗特塔被目擊，據悉她的真實身分為瑪格麗特・波默羅伊（Margaret Pomeroy）女士，因為美麗的外貌遭到親姊姊埃莉諾妒忌而被關進監牢。在城主波默羅伊動爵出征後，成為城堡管理人的埃莉諾遂將妹妹瑪格麗特這位美麗情敵的肖像畫從牆上取下，並把她幽禁在城堡的地牢。相傳瑪格麗特被關在地下將近20年，最後活活被餓死。據說造訪城堡的遊客大多在走下樓梯來到地下時，就會感受到瑪格麗特的存在，當她現身時會令人感到寒冷，或是陷入悲傷不安、憂鬱的情緒。也有報告指出她會與遊客擦身而過，然後爬上樓梯。一般認為至今她仍待在聖瑪格麗特塔中，遊客也曾多次目擊到她揮手向人求救的模樣。地牢並未對外開放參觀，不過任何人都能自由進出塔樓。

據悉聖瑪格麗特塔每年在特定之日的傍晚都會發出藍光。不但有許多人目擊到此一景象，就連進行夜間調查的調查員們（彼得．安德伍德[※2]與團隊）亦親眼目睹此一光景。白衣女士現身的塔樓會發出藍光，聽起來似乎有點不可思議。這道光芒多半被描述為與白衣女士有關，不過就光的顏色來看，也有可能與另一名幽靈藍衣女士有關聯。

藍衣女士大約是從18世紀開始被人目擊。身穿連帽藍色長斗篷現身的她

※2 Peter Underwood 1923-2014。英國作家、幽靈研究家、英國國家學術院院士

也是波默羅伊家的女兒，不過慘遭狼父性侵，還生下孩子，相傳她親手掐死了自己的親骨肉。也有一說主張是父親動手掐死了孩子，總之就是一場人倫悲劇。據說她會迷惑造訪城堡的遊客，或是將目擊到自己的人——主要是男人——引誘到危險的地方，意圖置人於死地。亦有報告指出有人在城堡內聽到嬰兒哭聲，但是否與藍衣女士有關則不得而知。

1900年代初期，在拍攝城堡空景的照片當中，拍到了身穿一襲白長袍，疑似女性的身影。坊間因而流傳，站在覆滿爬牆虎的城堡門房出入口的女性，應該就是藍衣女士（因為是黑白照片，看不出衣服的顏色）。在英國，一般認為白衣幽靈代表死亡的預兆，不過在這個家族裡，藍衣女士似乎比白衣女士更令人感到恐懼。她在西摩家被認為是死亡的象徵。

19世紀末，知名醫師沃爾特・法夸爾爵士（Sir Walter Farquhar）因為城堡管家的妻子生病而前往城堡出診，他在城堡內看見一名一臉痛苦緊握著雙手的年輕貌美女性。據說她爬上樓梯，與法夸爾爵士四目相交後旋即消失。完全摸不著頭緒的法夸爾爵士向管家詢問這名女性的事，管家這才表明此女代表死亡的預兆。法夸爾爵士出言安慰管家，相信他的太太應該能順利康復，但管家的妻子在當天便驟逝。

據悉法夸爾爵士所見到的女子身穿白色衣服，因此也有報導將她稱為白衣女士，但應該把她與瑪格麗特．波默羅伊的鬼魂區別開來。也有報導指出法夸爾爵士所目擊的幽靈為藍衣女士。在這則新聞中亦將兩人混為一談。法夸爾爵士所目擊的幽靈也有可能不是藍衣女士也不是瑪格麗特，而是另一位白衣女士。貝利．波默羅伊城堡自幾百年前便已流傳著各種幽靈故事，但在法夸爾爵士發表回憶錄後，才變得廣為人知。

接下來的這名幽靈，名氣沒有白衣女士和藍衣女士響亮，不過根據有關當局接獲的通報，有個名叫伊莎貝拉的女孩鬼魂會出現在城堡的廚房裡。她是波默羅伊家族成員與僕人所生下的私生女。據推測年紀大約9歲。某天晚上，當她進入廚房時，發現母親被造訪城堡的男性貴族們侵犯。伊莎貝拉挺身捍衛母親，母女倆卻雙雙遭到殺害。從此之後，據說廚房便飄盪著少女的氣息，令訪客感到毛骨悚然。也有消息指出，至今不知她是否仍想找人救助母親，有時會尾隨訪客回家。

曾經造訪過城堡的遊客在個人部落格網站上貼文，記載了當時在廚房內感受到一股不尋常的氣息，還有聽到叫聲、槌子從空無一物的地方掉下來等經驗談。其中還有一則怪談是，有遊客在城堡內調侃伊莎貝拉，結果室內溫度突然驟降，他隨即明白此舉惹怒了伊莎貝拉，並感受到一股冰冷的氣息襲來，於是馬上準備開車離開，但車內溫度亦無故下降，回到家裡也是冷到快被凍僵的程度，這種情況持續了好幾個小時，直到伊莎貝拉離開才結束。儘管不知道這是否真的是伊莎貝拉的鬼魂所為，但可以確定的是，這名幽靈出得了城堡，還能一路跟著失禮的訪客回家。

除了伊莎貝拉以外，在貝利．波默羅伊城堡的幽靈中，還有一位衣衫襤褸，手捧編籃藤條的年輕女鬼，同樣因為會尾隨訪客回家而聞名。據說她會悄無聲息地佇立著，遇到看不順眼的對象就會拿手中的藤條戳對方。

還有人表示，原本打算撿小石頭帶回去作紀念，但感受到一股邪惡的氣息襲來，未免將這位不速之客帶回家，便連忙把小石頭放回城堡。在眾多幽靈古堡中，像貝利．波默羅伊城堡這樣頻頻傳出「幽靈跟回家」的情況實屬罕見。

其他出沒於貝利．波默羅伊城堡的鬼魂，還有身穿灰色連衣裙的女性；手持燈籠站在城牆，一身類似中世紀衛兵服裝的男性；留著鬍鬚走在城牆外側通道的保王派男性（騎士）幽靈等，皆曾被民眾所目擊。而且不斷有人在大廳內看見一隻大型犬，伸手想撫摸時才發現這隻狗根本不具有實體。還有相當多的通報指出，看見有人影走在城堡的步道上、沒看到人影只聽到腳步聲，而且還留有腳印等等。

在這座知名的鬧鬼古堡進行試膽挑戰而目睹驚悚景象的經驗談，至今仍不時會出現在網路上。甚至還有人拍攝影片上傳。其中一則經驗談描述道，在聖瑪格麗特塔前出現一名老婦人的幽靈提醒他們要「注意時間」（她並未發出聲音，但據說在場所有人都莫名意會到她似乎提出了這樣的警告），時間來到凌晨1點，老婦人的幽靈消失，接著響起可怕的哀號聲，城堡入口堅固的大門開始劇烈晃動……而且在場的20人皆體驗到此現象，著實耐人尋味。此事發生在夜晚，不過白天在這座城堡看到幽靈的消息反而比較多。被目擊到的幽靈大多穿著城堡尚有人居住時的服裝，還有各種通報指出，停在城堡停車場的汽車引擎發不動；還沒插入車鑰匙，大燈就自動亮起；電瓶的電量在一瞬間耗盡等等。即便在這裡經常發生無法順利拍照的突發狀況，據悉靈異研究團隊至今仍持續在這座城堡進行調查。

DATA

貝利．波默羅伊城堡小檔案

Berry Pomeroy Castle

在本書介紹的城堡當中，貝利．波默羅伊城堡的年代較新，是15世紀末由波默羅伊家族興建而成，這相當於都鐸王朝（1485-1603）首任君王亨利七世（1457-1509）在位時期。波默羅伊家族的歷史相當悠久，效忠於威廉一世（征服者），是繼出身諾曼第公爵領地（位於卡爾瓦多斯的拉波默賴埃）的拉爾夫．德．拉波默賴埃（活躍於11世紀後半）以來的名門望族。1496年，在當時貝利．波默羅伊領主理查．波默羅伊過世時所留下的紀錄當中，雖然提到了這座城堡，不過當時究竟是什麼樣的建築物則不得而知。創建城堡者有可能是他本人，也有可能是他的父親亨利．波默羅伊。無論究竟是何者，在玫瑰戰爭（1455－1485）中力挺約克家族的波默羅伊家族，研判可能已被要求建造能使用火藥武器的堡壘。

在這之後，城堡於1547年12月被賣給第1代薩莫塞特公爵愛德華・西摩（1500左右－1552）。同一年，他成為妹妹所誕下的愛德華六世（1537－1553）的攝政，大權在握，呼風喚雨，然而他從未親自造訪此地便在1552年1月被處刑。不過，他的兒子愛德華・西摩（1528－1593）在16世紀後半，透過早期伊莉莎白一世樣式（亦稱為伊莉莎白式建築）打造環繞城堡中庭的建築物，營造出全新風貌。伊莉莎白一世樣式指的是，義大利文藝復興建築剛傳入英國時的風格。參考構成古代神殿建築外觀的圓柱與橫架材（梁與衍架），並且採用形似柱體（Column）與柱頂（Entablature）的裝飾，設置鑲嵌透明玻璃的大窗。其中最具代表性的案例為威爾特郡（Wiltshire）的朗利特別墅（Longleat House）。

貝利・波默羅伊城堡的平面圖（15-17世紀左右）

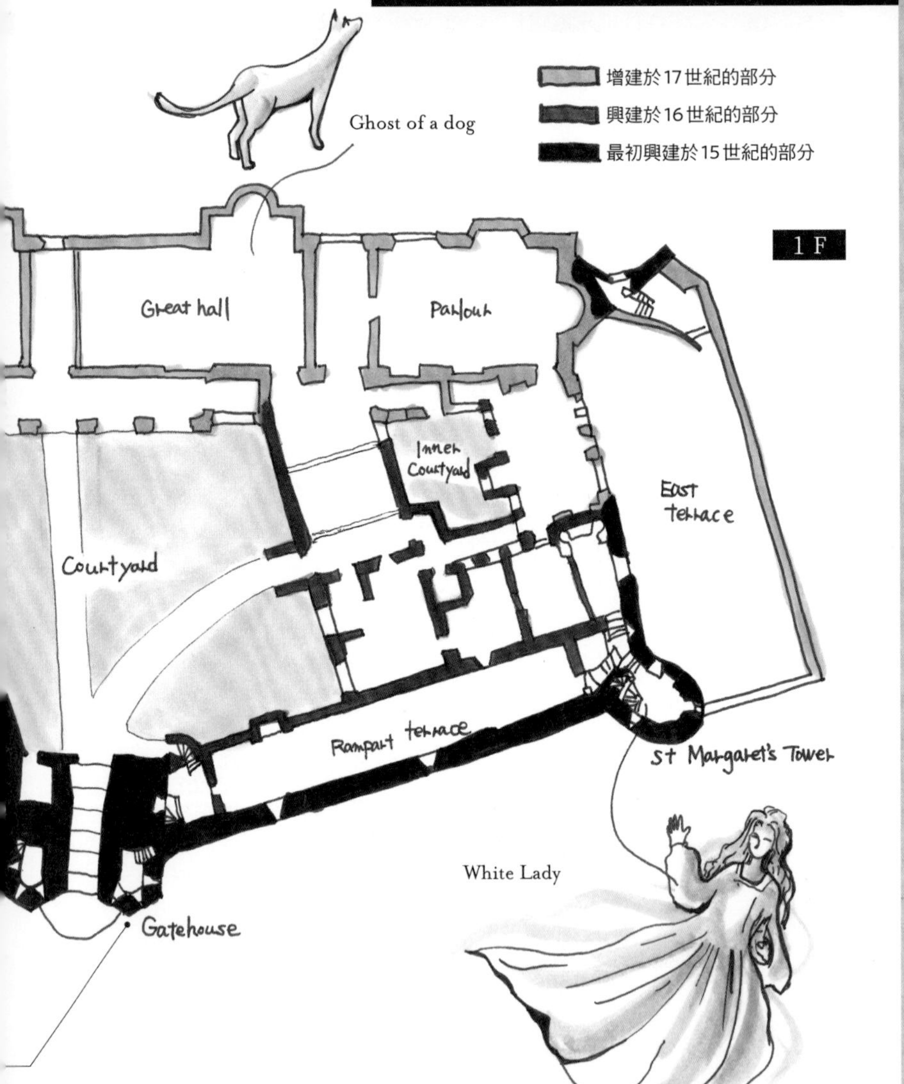

詹姆斯一世樣式亦可稱之為英國早期文藝復興，可看出受到義大利矯飾主義建築與美術的影響。此風格與伊莉莎白一世樣式並沒有太大的差異，後世有時也會將兩者統稱為「Jacobean樣式」。因成為影集《唐頓莊園（Downton Abbey）》的外景拍攝地而赫赫有名的海克利爾城堡（Highclere Castle），據說即為詹姆斯一世復興式。

Isabella

Brothers of the Pomeroy family

Woman with a rattan branch

被拍進照片裡，站在覆滿爬牆虎的城堡門房出入口的女性，可是藍衣女士？

BUCKINGHAM PALACE

The HAUNTED CASTLE Case 13

住在現仍使用的宮殿裡的幽靈們

在維多利亞女王漫長的統治時代（在位1837–1901）落幕後，由其兒子愛德華七世（1841–1910）接棒即位。他在面向白金漢宮東側正面的廣場建立了維多利亞女王紀念碑。這座紀念碑在愛德華七世死後的1911年5月16日，由他的兒子喬治五世（1865–1936）親自揭幕。喬治五世配合紀念碑的風格，以波蘭產石材重新建造被都市公害汙染的東側正面立面。這座立面於1914年竣工並維持至今。

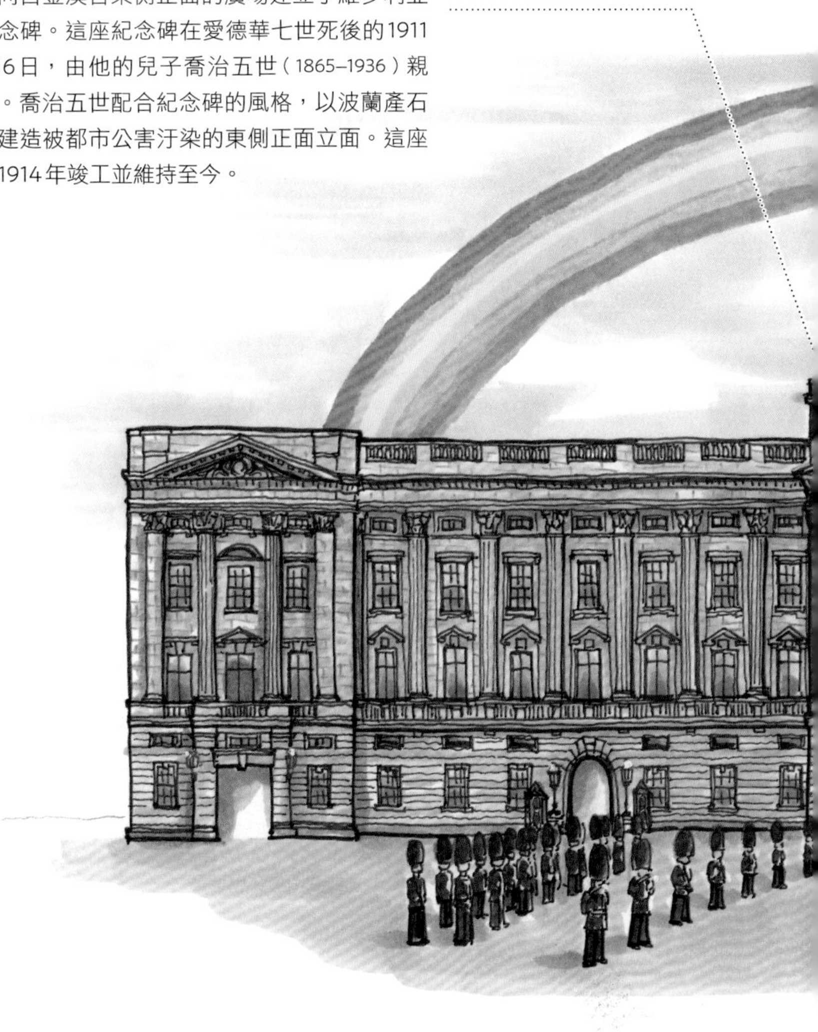

白金漢宮現今外觀

在Case1中曾提到，在英國就連王室家族都接受與幽靈共同生活的狀況，而且現仍使用中，據信有幽靈出沒的宮殿，不只有溫莎城堡而已。應該說，官邸、有名的宮殿幾乎都伴隨著幽靈傳說。

在英國王室的官邸當中，知名度最高的白金漢宮是在1703年由第1代白金漢公爵建造的宅邸，後來被喬治三世[※1]買下，從此成為王室所有。之後使用大理石改建成如今所見的樣貌，自維多利亞女王[※2]時代開始，白金漢宮正式被當作王宮使用。這裡是王室家族在倫敦的居所，每逢夏季，王室成員前往蘇格蘭避暑期間，部分建築物會對外開放參觀，是英國十分受歡迎的觀光景點。

據信住在這座宮殿的知名幽靈有2位，一位是綁著褐色頭巾，戴著手銬與腳鐐的修道士鬼魂。此地在興建宮殿之前，直到16世紀中葉皆坐落著一座小修道院，相傳他就是當時在刑房死去的修道士。他每年固定都會在聖誕節現身，並會在廣闊的露臺上發出鎖鏈互相碰撞的聲音四處遊走，然後消失不見蹤影。

※1
1738－1820（在位1760－1820）。英國漢諾威王朝君王

※2
1819－1901（在位1837－1901）。漢諾威王朝最後一任女王

另一位則是維多利亞女王的長子愛德華七世[※3]的祕書，在宮殿的辦公室舉槍自盡的約翰．格溫（John Gwynne）少校。相傳他在20世紀初葉，於宮殿1樓的辦公室舉槍自戕輕生，因為飽受離婚問題與相關醜聞之苦而想不開做出憾事。據說在他慘死的地點至今仍會傳出槍聲，但未曾有人親眼目擊到他的鬼魂。

其他像是撞見在城牆站衛兵的幽靈、聽到衛兵的腳步聲、突然有園藝師現身又在不知不覺間消失等等。坊間亦謠傳亨利八世的妻子（多達6人，不知究竟是哪一位）幽魂至今仍會在此四處走動，不過找不到何人於何時在何處看見的紀錄，所以或許只是大家覺得「這裡肯定少不了她們」才有此傳言也說不定。

再來要介紹的並非發生於白金漢宮內的事，位於宮殿北側的綠園（Green Park）有一棵被稱為「死亡之樹」的樹木，據說在這裡上吊的人多到難以計數。這塊區域從前是墓地，用來埋葬死於附近（現建有聖詹姆斯宮的地點）漢生病隔離設施的患者，但被亨利八世沒收並改建成狩獵場，後來查理二世將其

※3 1841－1910（在位1901－1910）。改名為漢諾威王朝的英國薩克森－科堡－哥達王朝君王

整修為公園，歷經了種種改變。夜晚經過「死亡之樹」旁邊時會聽到笑聲，據說連動物和鳥類都不會靠近，不過該處有大量的行道樹，無法分辨出是哪一棵。

相當於白金漢宮前院的聖詹姆斯公園（St. James's Park），曾經多次被人目擊到俗稱紅衣女士，身穿染血紅色連衣裙的無頭幽靈。關於她的傳聞五花八門，例如公園中的人工湖會浮現出無頭女鬼，有時她會直接來到岸邊，並以驚人的速度飛奔離去，抑或從公園某處現身，朝著湖泊走去。1972年，一台行駛在公園南側鳥籠道（Birdcage Walk）上的汽車發生撞上路燈的交通事故。事後該名司機表示，當時一名紅衣女子突然出現，他因閃避不及而未能順利轉向（都是被幽靈害的這種辯解行不通，判決結果認定有罪，必須支付賠償金）。書面紀錄並未記載這名女性是否無頭，不過從身穿紅衣這點來看，應該是同一名女性。

而形成這些傳說的由來，則是發生於18世紀，連隊隊長殺害紅杏出牆的妻子，並砍下其頭顱的事件。相傳這名隊長將妻子的身體丟進湖裡，頭顱則埋在兵營的庭院。也有一說主張，當他準備把妻子的遺體棄屍湖中時被其他隊員發現而遭到制止。前者還有後續發展，據傳女子的遺體在1816年被人發現，無論哪個版本，結局皆為身首異處，頭顱下落不明。

據說這名無頭女士不只出現在鳥籠道與湖泊周邊，也曾在道路東側名為Cockpit Steps的樓梯附近被民眾目擊。最早的目擊消息出現在1804年（也有人說是1802年）冬季，2名步兵衛隊隊員目睹到紅衣女士飄往聖詹姆斯公園的景象，因過度驚嚇而住進精神病院療養。據悉兩人隸屬同一連隊，但並非一起行動時撞見，而是分別目擊到紅衣女士的鬼魂。一般都說她是在尋找被埋起來的頭顱，不過她的行動範圍頗大，似乎是很有行動力的幽靈。也有民眾作證表示，她會漂浮在水面或空中，從水裡來到陸地上的移動速度媲美飛毛腿，想像這個畫面不禁令人噗哧一笑。然而實際上，若在夜晚看到渾身是血的無頭女性追了上來，根本笑不出來。

通往聖詹姆斯公園北邊，兩旁種著行道樹的寬廣道路北側，離白金漢宮步行約5分鐘的距離，建有聖詹姆斯宮（St. James's Palace）。這是英國王室現仍使用的宮殿中，最古老的一座宮殿，腹地原有隔離漢生病患的設施，亨利八世為了打造與安妮．博林的愛巢而下令興建宮殿。自1702年起被當作倫敦的第一王宮使用，瑪麗一世便是在此逝世，她的心臟則被埋葬於宮殿內的皇家禮拜堂。伊莉莎白一世亦將此處定為王宮，但在喬治三世購入白金漢宮的前身白金漢莊園後，王宮地位易主，現在則是安妮公主與部分王室成員的居所，只有舉辦典禮時才有公務上的使用。不過這座宮殿至今在名義上仍是王室的官方住所，亦有衛兵駐守。這裡設有發表新國王即位消息的「宣告處」，2022年9月8日伊莉莎白二世駕崩後，亦於此處宣告查爾斯三世[※4]成為新國王。

　而聖詹姆斯宮最有名的幽靈則為死於19世紀初葉，名叫喬瑟夫．塞利斯（Joseph Sellis）的男性。據傳他現身時喉嚨被割破，頭顱快掉下來的模樣相當駭人，有關他的故事則是謎團重重。

　1810年5月31日凌晨2點半左右，英王喬治四世[※5]的弟弟坎伯蘭公爵（Duke of Cumberland）在睡夢中遭到不明人士襲擊。他驚恐地大叫並馬上喚

※4
1948-（在位2022-）。英國溫莎王朝現任君王

※5
1762-1830（在位1820-1830）。英國漢諾威王朝君王

來侍從，所幸沒有大礙，但他身上的衣服與雙手被劃破，並在房間裡找到公爵染血的佩劍。侍從們奉公爵之命前往叫醒另一名侍從喬瑟夫．塞利斯，卻發現他已橫死床上，喉嚨幾乎被刺穿，頭顱也快被砍斷。這件事最終以塞利斯襲擊公爵失敗而自殺作結，不過坊間謠傳坎伯蘭公爵謊稱自己遇襲，其實是他動手殺了塞利斯。塞利斯的房間裡，洗手台內的水被鮮血染紅，但是塞利斯的雙手卻滴血未沾，因而引發各種質疑，例如自殺前還先洗手這點很不自然、不太可能有辦法把自己的腦袋幾乎砍下來，而若塞利斯真的是在房內刎頸自殺的話，為何不見凶器等等。的確，令人懷疑是他殺的原因一籮筐。接著各種謠言四起，像是坎伯蘭公爵與塞利斯的妻子有婚外情，抑或公爵令塞利斯的女兒懷孕，女兒卻自盡，塞利斯揚言要曝光此事而遭到公爵滅口云云。但因為缺乏公爵殺害塞利斯的關鍵性證據，最終塞利斯之死被當作自殺處理。

相傳坎伯蘭公爵在民眾之間相當不受歡迎，因此無法盡信這些充滿八卦色彩的謠言，不過可以確定的是，塞利斯絕對死不瞑目。在這之後，民眾在聖詹姆斯宮多次目擊到被割喉的幽靈出現在床上，抑或有一道黑影出現在走廊上。也有很多人表示雖然不見形影，卻聞到一股血腥味，對此事件毫不知情的住宿客也說，進入案發現場的房間後，會有一種渾身不對勁的感覺。此外，宮殿職員亦指出，待在這個房間時會感受到一股莫名的視線、東西還會自己移動，而且只會在房內的某一處感受到寒意。

位於倫敦市內的另一座宮殿肯辛頓宮（Kensington Palace），在1689年由威廉三世收購當時諾丁漢伯爵（Earl of Nottingham）名下的肯辛頓土地，並將建築物改建為宮殿，歷經好幾世紀深受王室成員喜愛，但這裡也有各式各樣的鬧鬼傳說。順帶一提，這裡是維多利亞女王出生，以及即位前所生活的宮殿，也是1694年瑪麗二世因天花而病逝之地。1981年，肯辛頓宮成為當時的威爾斯親王（Prince of Wales）夫婦的住處，黛安娜王妃[※6]在離婚後仍然住在這裡。現在則如大眾所知，這裡是威廉王子[※7]與凱特王妃的住所，並有部分設施開放參觀。

據信這座宮殿住著好幾位幽靈。其中一位是1760年因動脈瘤破裂而

※6 1961－1997。英國前太子妃。與現任英國君王查爾斯三世於1981年結婚，1996年離婚。翌年，在巴黎市區因車禍而身亡

※7 1982－。英國王室太子

驟逝的英國君王喬治二世。出身德國漢諾威的喬治二世在七年戰爭中，苦等來自漢諾威軍的通知，眼巴巴地望著風信雞反覆說著「為何他們還不來」。有一說主張這是因為喬治二世亟欲在死前返回故鄉漢諾威，因而盼望有人來接他，若是如此的話，「為何他們還不來」這句話的意思也跟著有所不同，無論真相為何，相傳這就是他臨終前所說的最後一句話。時年77歲的喬治二世在當時已屬長壽，早上喝過熱巧克力後便驟然離世，子孫們按其遺言，將他埋葬於1737年撒手人寰的愛妻卡洛琳王后的墳墓旁，感覺他應該了無遺憾，不至於化作幽靈流連人間。然而在喬治二世死後，據聞宮殿內會傳出他的聲音，說著「為何他們還不來」。

名氣僅次於英王喬治二世的鬼魂，則是被稱為「紡紗的蘇菲亞」的女幽靈。她的真實身分為喬治三世的女兒，亦即維多利亞女王的姑姑蘇菲亞公主（Princess Sophia，1777－1848），據說蘇菲亞紡紗的身影會隱約浮現在她生前所住的房間。相傳蘇菲亞生前與兄長的近臣或君王的親信墜入愛河，產下父不詳的孩子。她因而遭到父親疏遠，終生未嫁，1848年病逝於肯辛頓宮。她從年輕時便喜歡手作縫紉，後來罹患眼疾失明，直到11年後離世為止，皆靠著紡紗與手作縫紉度日。有關其鬼魂的傳聞則是在1970年代，宮殿職員目睹到樣貌肖似蘇菲亞的老婦人。據說這名女姓身穿類似蘇菲亞在世時的連衣裙突然現身，穿過牆壁後又消失無蹤。除了目睹到其身影的消息外，還有報告指出，她所使用的紡車無端動了起來，或是只聽到紡車轉動的聲音等等。

被指為蘇菲亞現身地點的1A棟，現在則由威廉王子與凱特王妃的孩子們居住，據說這裡是宮殿內有最多幽靈出沒的區域。雖然不知這是否為蘇菲亞的鬼魂使然，根據瑪格麗特公主的管家與女傭表示，他們在1A棟過夜時，因為半夜聽到喊叫聲而驚醒，但是除了兩人以外，這棟建築物內並沒有其他人在。

而且其中一間兒童房（威廉王子的次子，路易小王子的房間），據傳有「野孩子彼得」的幽靈出沒。彼得亦成為小說角色原型，是實際存在的人物，但真實身分成謎。1725年，他在德國漢諾威的森林全身赤裸如同野獸般四肢著地爬行時被人發現，對他深感興趣的英王喬治一世遂下令將其帶回肯辛頓宮。彼得曾經短暫住在王室別墅，被當時的太子妃，日後成為喬治二世王后的卡洛琳帶在身邊，過著形同寵物的生活，不過他一直無法理解任何禮儀和言語，王室因而將他送至郊外的農家並提供生活費，直到其1785年離世為止。

相傳在彼得死後，宮殿內開始出現幽靈。彼得生前在宮殿生活的時間並不長，而且這個地方應該讓他感到不太自在，不過彼得很喜歡親近卡洛琳王后，或許是因為想念她而回到宮殿也說不定。順帶一提，據悉卡洛琳王后的鬼魂也會在宮殿現身。宮殿內至今仍掛著彼得的肖像畫。

這裡還有其他的幽靈傳聞，像是1694年剛搬進肯辛頓宮才短短一週便過世的威廉三世之妻瑪麗二世，據說她的鬼魂會出現在宮殿內，還會傳出她的哭聲等等。居然有辦法與孩子生活在擁有這麼多幽靈傳說的宮殿，以日本人的觀點來看實在很佩服，然而從未聽聞英國王室成員以鬧鬼為由拒絕住進該處。或許對出生以來便生活在歷史悠久的城堡和宮殿的王室成員而言，住處有先人的鬼魂進駐是再自然不過的事，並將這樣的環境視為理所當然而予以接納也說不定。

DATA

白金漢宮小檔案

Buckingham Palace

這裡原本是斯圖亞特王朝首任君王詹姆斯一世（1566－1625）為了促進蠶業發展，而開始種植桑樹的地方。1628年查理一世（1600－1649）繼位後，將此處賜給阿斯頓勳爵（Lord Aston）。在這個時期已經可確定這裡建有大規模宅邸，但並未留存下來。約翰．謝菲爾德（John Sheffield，1648－1721）在1698年成為新主人，他下令拆掉原有的建築物並重新建造宅邸，而這就是現存建築物的基礎。當時是在英國具代表性的建築師之一威廉．托爾曼（William Tolman，1650－1719）的審核下進行設計的。約翰．謝菲爾德後來被封為第1代白金漢公爵，這座豪宅因而被稱為「白金漢莊園」。

DATA

1762年，漢諾威王朝第3任君王喬治三世（1738－1820）為了夏洛特王后而從白金漢公爵手中買下這座宅邸。由於漢諾威王朝連續4任君王都是以「喬治」為名，此時期的建築、美術風格因而被稱為「喬治式」，一般會再分成3期來探討（亦經常被稱為「喬治亞式」，Georgian Style）。1760年代屬於第2期，新古典主義的色彩較為強烈。

將這座宅邸打造成正統宮殿，以「白金漢宮」之姿面世的則是喬治三世之子喬治四世（1762－1830）。由於喬治三世患有精神疾病，喬治四世自1811年起擔任攝政（Regent），代替父親治理英國。從喬治四世開始攝政到在位期間，相當於喬治式第3期，不過通常會以「攝政風格（Regency Style）」來稱呼。這個時代英國最具有代表性的建築師為約翰・索恩（John Soane，1753－1837）與約翰・奈許（John Nash，1752－1835）。

奈許在1820年代後半計畫將既有建築轉換成コ字型結構，因而擴張位於後方的中央棟，並完全重建往東延展的兩翼棟。這種平面風格可見於凡爾賽宮等建築，乃法國近世宅邸建築的典型。被コ字型建築物環繞的前院前方，則興建了彰顯當時英國為海陸強權國家的凱旋門。

然而，截至1828年為止砸下496169英鎊的這項工程大幅超出了當初的預算，在喬治四世歿後，奈許遭到解任，改由愛德華・布洛爾

（Edward Blore，1787－1879）擔任主任建築師。他擴張了南北兩翼棟東端的立面，並在南側設置新的正門入口。此外，他在1833－1834年根據奈許的設計完成了國事廳的內部裝潢。從1846年的畫作可以看出，兩翼棟的東端部分，1樓呈現出古代神殿基壇的風格，往上則是以搭配三角楣飾的巨柱式加以裝飾的2樓與3樓，與位於凡爾賽宮北翼的加布里埃爾（Gabriel）棟東端的新古典主義設計極為相似。

在喬治四世的弟弟威廉四世（1765－1837）短暫的統治時代結束後，1837年由喬治三世的孫女維多利亞（1819－1901）繼位。在她的指示下，於1846年變賣了布萊頓離宮，並將這筆53000英鎊的資金用於布洛爾所主導的白金漢宮增建工程。為了填補被コ字型建築物環繞的前院，使用康城（Caen）產石材建造了東棟，形成口字型結構，前院遂變成中庭。布洛爾還在東棟的東側正面立面中央設置了陽台。

1855年，由建築師詹姆斯．班森（James Benson，1801－1871）經手打造新文藝復興樣式的舞廳、音樂廳與宴會廳。在這段時期，奈許所設計的凱旋門「大理石拱門」則被移築至海德公園的東北隅（現仍存在）。

白金漢宮的平面圖（現在）

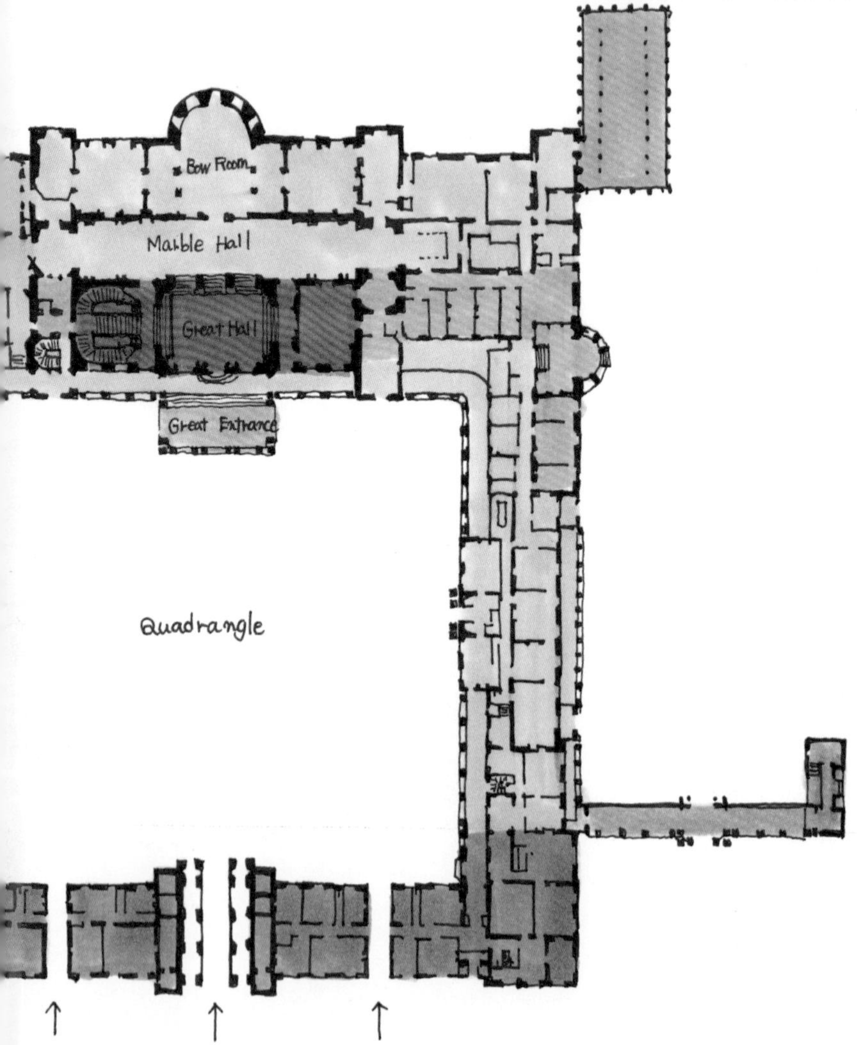

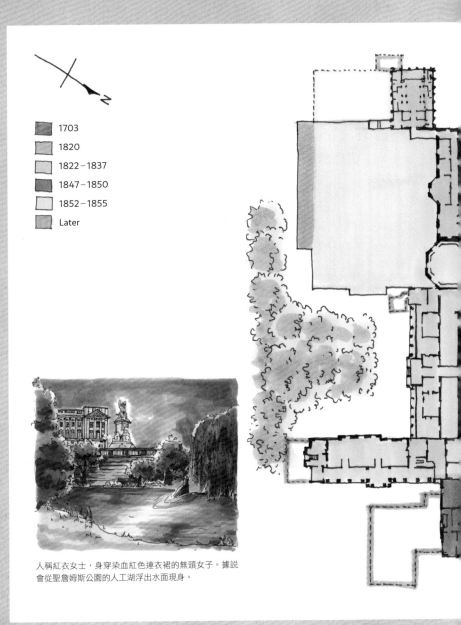

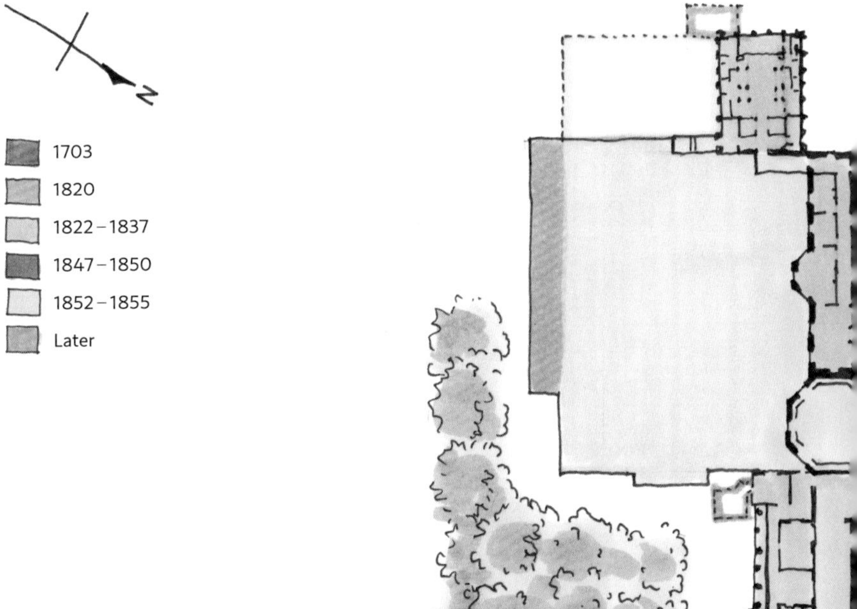

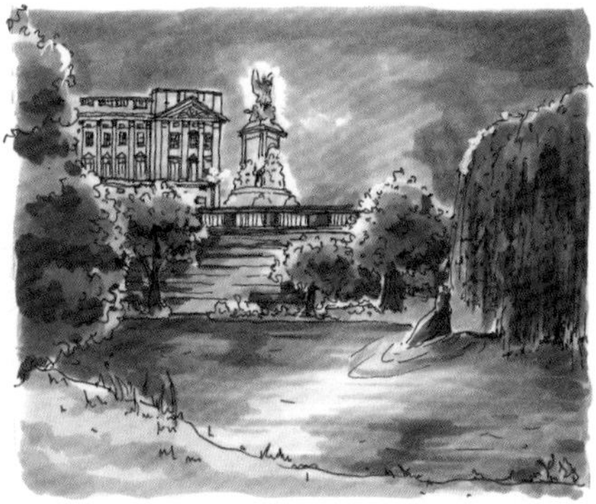

人稱紅衣女士，身穿染血紅色連衣裙的無頭女子。據說會從聖詹姆斯公園的人工湖浮出水面現身。

後記

從前住在英國的時候，曾聽過由日本總公司買來當作員工住宅的市區透天厝，有女鬼出沒的傳聞。住在這裡的某任分公司經理夫人因為這樣導致神經衰弱而搬了出去。當時我只覺得「是喔，實在很可怕耶」，但現在回想起來，幽靈就只是現身而已，倒沒聽說過任何作怪害人的消息。駐英分公司經理一家最後選擇搬家，因此無法斷言該名女鬼無害，但住戶若是英國人的話，或許會淡然處之，不當一回事地繼續過生活。

跟日本人比起來，英國人對幽靈的態度寬容到令人吃驚的程度。我在本書中也曾提到，箇中原因應該與歷史文化背景有關。這是我此次為了撰寫本書，針對英國歷史進行調查後所得到的感想。

我在英國出生，並在這裡生活了許多年，但直到為了進行連載著手查閱資料前，對這個國家的歷史幾乎一無所知。由於國高中就讀國際學校，歷史課是選修制（我選了古代史），在學校亦沒有學習的機會。開始調查後我陸續發現「原來這個人跟那個人是這種關係」、「啊，上一篇提到的這個人原來跟那個人有這樣的關聯」，感覺就像點與點連成線那樣，相當有趣。寫到至今依然成謎的事件時，可以透過自己的觀察分析解釋「搞不好真相或許是這樣？」真的令我感到很開心。實在很慶幸能夠獲得這個接觸新知的機會。

我在撰文時力求好懂易讀，避免讓對英國感興趣卻不太熟悉英國歷史的讀者們卻步。對於原本就是英國歷史通的讀者而言，或許都已知曉書中所介紹的史實，但說不定可以從別的角度得到新發現，像是「原來這座城堡相傳有那個人的鬼魂出沒」，或是「原來這件事跟那件事有所關聯」等等。

尤其是對幽靈或歷史謎團感興趣的讀者，這本書讀起來會很有趣……這是我對本書的期許，不知各位的感想為何呢？

這些文章刊登於雜誌時為黑白印刷，集結成書後能欣賞到山田佳世子老師精美的彩色插圖，著實令我感到欣喜。

期盼各位讀者能對優美又別具韻味的英國幽靈古堡，以及相關的故事樂在其中。

織守きょうや

後記

我是英國住宅迷，之所以深受吸引的原因在於，這些房屋有著悠久的歷史，並一路傳承至現代住戶的手上，而住戶亦樂於與這些古老事物共存。當主體從「住宅」轉變為「城堡」時，不但規模大上許多，而且入住者不是君王就是該時代的中心人物，所牽涉到的歷史事件或謎團更是複雜多變。造訪「城堡」時能看到、學習到相關的歷史，不過我想自己在這之前參觀時，都將這些過去發生的事與現在切割開來看待。在我讀到織守老師以幽靈古堡此一觀點寫下的城堡故事後，反倒因為「幽靈」的存在而體會到這些歷史一直延續至今，並非只是一段段獨立存在的往事，因而更容易投入其中。下次有機會造訪本書中所介紹的城堡時，應該會更有感觸，「不知能否遇見那個幽靈」、「原來這裡曾發生過這樣的事」，一舉拉近自已與歷史的距離。儘管有些故事血腥殘暴，卻不會令人感到恐懼，反而產生一種幽靈現身說法，帶著自己認識某段歷史的感覺，並由此感受到英國幽靈的魅力。

獲得同樣住在神戶，與英國有不解之緣的織守老師邀約，接下為連載企劃繪製插圖的委託時，真的感到無比開心，由衷感謝老師賜予我這個機會，讓我有幸得以描繪英國城堡。期盼這些插圖有助於傳達出英國城堡的魅力。

山田佳世子

僅以此頁對出沒於最多城堡的2名女性致上敬意

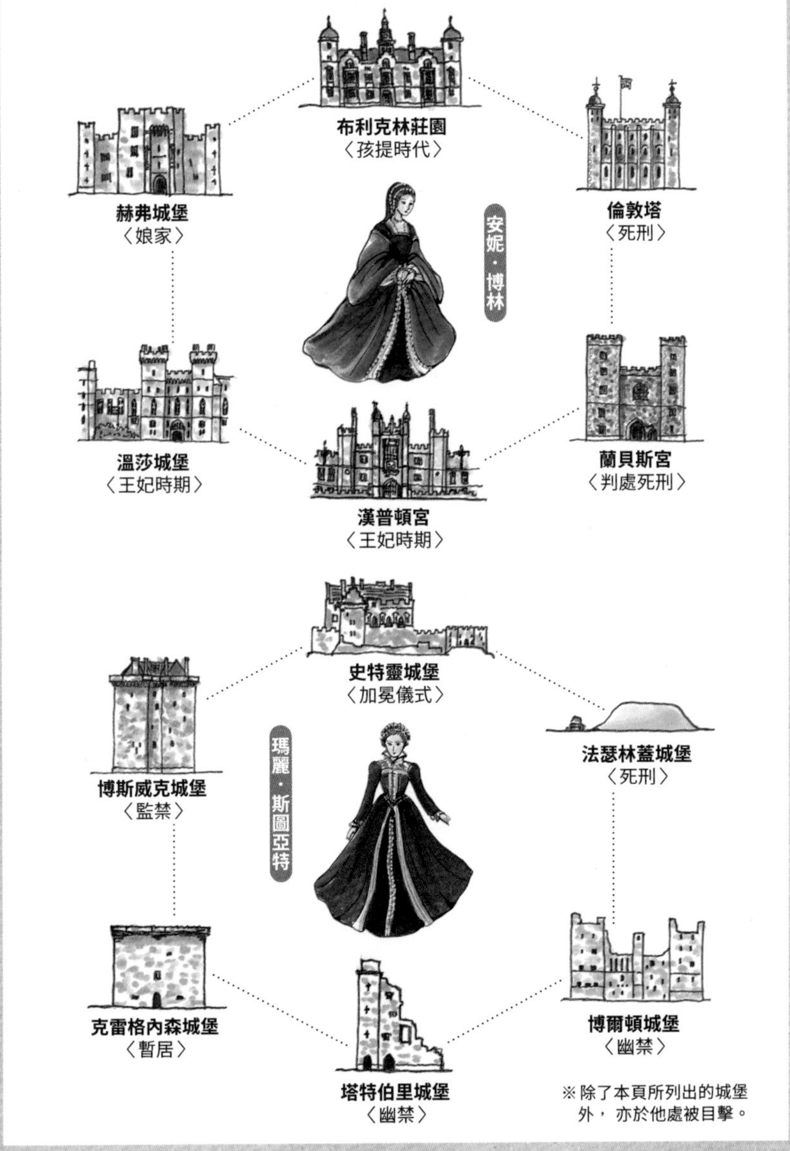

※除了本頁所列出的城堡外，亦於他處被目擊。

參考文獻

- 石井美樹子《図説　エリザベス一世》（河出書房新社／2012）
- 石原孝哉《幽霊のいる英国史》（集英社新書／2003）
- Siân Evans著、村上リコ日文版監修、田口未和譯
《フォト・ストーリー英国の幽霊伝説　ナショナル・トラストの建物と怪奇現象》（原書房／2015）
- 嶽本野ばら《お姫様と名建築》（X-Knowledge／2021）
- Charles Philips著、大橋竜太日文版監修、井上廣美譯
《イギリスの城郭・宮殿・邸宅歴史図鑑》（原書房／2014）
- 中野京子《残酷な王と悲しみの王妃》（集英社文庫／2013）
- 平井杏子《ゴーストを訪ねるロンドンの旅》（大修館書店／2014）
- 森護《英国王室史事典》（大修館書店／1994）
- 歴史之謎探究會編《イギリスの歴史が2時間でわかる本》
（KAWADE夢文庫／2012～2020）
- Robert Grenville／片山美佳子譯
《絶対に出る世界の幽霊屋敷》（Nikkei National Geographic／2018）

- J.A.Brooks《Ghosts and Legends of Wales》（Jarrold Publishing／1987）
- John Brooks《The Good Ghost guide》（Jarrold Publishing／1994）
- Richard Jones／photography by John Mason
《HAUNTED CASTLES OF BRITAIN AND IRELAND》
（New Holland publishers／2003）
- J.G.Montgomery
《Haunted Castles of England: A Tour of 99 Ghostly Fortresses》
（Llewellyn Publications／2018）
- 《the GHOSTS of SCOTLAND: A Collection of Ghost Stories across the Scottish Nation》（Sean McLachlan, Charles River Editers）

- https://great-castles.com
- https://www.devonlive.com
- https://exemplore.com/paranormal/The-Ghosts-of-Berry-Pomeroy
- https://chillingham-castle.com

文 織守きょうや（Kyoya Origami）

1980年生於倫敦。2013年以《霊感検定（靈力檢定）》（講談社）一書正式出道。2015年的《記憶使者》（繁體中文版由台灣角川出版）榮獲日本恐怖小說大獎讀者獎。其他有《黒野葉月は鳥籠で眠らない（黑野葉月不睡鳥籠）》（双葉社）、《ただし、無音に限り（但是，僅限無聲）》（東京創元社）、《響野怪談》（KADOKAWA）、《花村遠野の恋と故意（花村遠野的愛意與故意）》（幻冬舍）等作品。《花束は毒（花束有毒）》（文藝春秋）獲頒第5屆未來屋小說大獎。

圖 山田佳世子（Kayoko Yamada）

甲南女子大學文學院英美文學系畢業，成為無障礙環境諮詢師，從事住宅裝修工作。其後於Machida Hiroko Interior Coordinator Academy進修，修畢後於專營海外風格住宅的建設公司擔任設計規劃師累積經驗，取得二級建築師證照。現為獨立執業的住宅設計規劃師。著有《英國住宅設計手帖》（繁體中文版由台灣東販出版）等作品。

協力 中島智章（Tomoaki Nakashima）

1970年生於福岡市。東京大學工學院建築學系畢業。東京大學研究所工學系研究科建築學博士課程修畢，取得博士學位（工學）。現任工學院大學建築學院建築設計學系教授。著有《西洋の名建築がわかる七つの鑑賞術（看懂西洋名建築的七大鑑賞術）》（X-Knowledge）、《図説ヴェルサイユ宮殿 太陽王ルイ14世とブルボン王朝の建築遺産 増補新装版（圖解凡爾賽宮殿 太陽王路易14與波旁王朝的建築遺產 增訂新版）》（河出書房新社）等書。

（撰文：22-23頁、38-39頁、56-57頁、74-75頁、88-89頁、104-105頁、118-119頁、132-133頁、146-147頁、160-161頁、174-175頁、188-189頁、205-207頁，其他：平面圖、插圖說明）

國家圖書館出版品預行編目資料

英國幽靈古堡完全解密 = Haunted castles / 織守きょうや文 ; 陳姵君譯 . -- 初版 . -- 臺北市 : 臺灣東販股份有限公司 , 2025.01
216 面 ; 14.8×21 公分
ISBN 978-626-379-721-5（平裝）

1.CST: 傳説 2.CST: 幽靈 3.CST: 民間故事 4.CST: 英國

539.541　　113018295

英國幽靈古堡完全解密

2025 年 1 月 1 日初版第一刷發行

作　　者　織守きょうや（文）
　　　　　山田佳世子（圖）
譯　　者　陳姵君
主　　編　陳正芳
美術設計　黃瀞瑢
發 行 人　若森稔雄
發 行 所　台灣東販股份有限公司
　　　　　＜地址＞台北市南京東路 4 段 130 號 2F-1
　　　　　＜電話＞（02）2577-8878
　　　　　＜傳真＞（02）2577-8896
　　　　　＜網址＞ https://www.tohan.com.tw
郵撥帳號　1405049-4
法律顧問　蕭雄淋律師
總 經 銷　聯合發行股份有限公司
　　　　　＜電話＞（02）2917-8022

TOHAN